V

29310

J. v. Schley fecit 1745.

Con gli Occhi de la Mente il Cor si vede.

LETTRES

PHILOSOPHIQUES

SUR LES

PHYSIONOMIES,

par l'abbé Pernetti

Ex Vultibus Hominum Mores colligo.
PETRONIUS.

A LA HAYE,

Chés JEAN NEAULME,

aux Dépens de l'Auteur,

M. DCC. XLVI.

AVERTISSEMENT.

JE dois à une *Physiono-mie* particuliere, dont la Beauté est au des-sus des Expressions, mes prémieres Idées sur les PHY-SIONOMIES en général. Je n'ai pû voir tant de Qualitez admi-rables, & rarement unies, an-noncées dans celle dont je parle, dès le prémier Instant qu'on l'ap-perçoit, sans penser, que les *Physionomies* pouvoient servir à la Connoissance des Hommes.

J'AI été, d'ailleurs, si frappé du Caractere merveilleux de la Personne, que l'Examen, que

* jem

j'en ai fait, m'a entrainé presque nécessairement à l'Examen de plusieurs autres.

De-là il s'est formé en moi une sorte d'Habitude de réfléchir sur les *Physionomies*, & sur les Caractères qu'elles développent, dont je n'ai pas crû devoir me corriger.

J'ai pensé, au contraire, que les Visages offroient un des plus intéressans Spectacles de la Nature; qu'il avoit Droit de nous occuper, plus que beaucoup d'autres, après lesquels nous courons; qu'il n'en étoit pas moins beau, pour être sans cesse sous nos Yeux; & qu'il renfermoit des Merveilles sans nombre, auxquelles nous ne pouvions refuser notre Admiration.

On parle volontiers des Choses dont on s'occupe. J'ai parlé

lé des *Phyſionomies*. Mes Amis,
loin de s'en ſcandaliſer, y ont
applaudi. Ils m'ont fait des
Queſtions. Quel Sujet en fournit davantage ? Les *Lettres*, que
je préſente au Public, ſont en
effet mes *Réponſes à des Queſtions ſur les Phyſionomies*. Je
ne penſois pas être jamais obligé de leur donner l'Ordre, &
l'Etendue, qu'elles ont aujour-
d'hui.

QUELQUE imparfaites qu'elles
ſoient encore, elles pourront être
pour quelque autre une Occaſion
d'approfondir mieux ce Sujet, &
d'en tirer des Leçons utiles ; Objet le plus digne de ceux qui
écrivent, & qui me conſole dès
à préſent de tous les Sentimens
deſavantageux qu'on prendra de
mon Ouvrage. Je ne ſçaurois
me diſſimuler, que bien des Gens

* 2. en

en penseront mal. Je m'y attens:
je suis même persuadé, que, dans
le Nombre, il y en aura, dont
je respecterai la Critique, & à
qui je n'ôserai dire, pour me disculper : *Non solo le Talpe nas-
con cieche.*

LETTRES

PHILOSOPHIQUES

SUR LES

PHYSIONOMIES.

LETTRE PREMIERE.

VOUS voulez donc, que je réponde à vos Questions sur les Physionomies ? J'y consens, quoiqu'il puisse m'en coûter ; mon amitié pour vous est plus forte que ma raison ; je me

A   li-

livre à tout ce que vous exigez de
moi : je vais paſſer pour Magicien
dans l'eſprit des uns , pour mauvais
Philoſophe dans celui des autres , au
moins pour viſionnaire aux yeux du
grand nombre ; la connoiſſance des
Phyſionomies eſt aſſez merveilleuſe
pour faire ces impreſſions-là. Pro-
mettez-moi pour reconnoiſſance, (car
de pareils Sacrifices en meritent u-
ne,) que, quelque jugement qu'on porte de moi , vous en porterez un
bon ; que vous rejetterez , ſur l'envie
que j'ai de vous plaire, l'eſpece d'excès où mon eſprit va s'emporter en
traittant une matiere ſi nouvelle ; &
que vous me dedommagerez du mauvais ſuccès de mon entrepriſe par u-
ne augmentation de cette amitié qui
fait déjà le bonheur de ma vie.   On
cherche les ſujets nouveaux quand on
écrit , celui des Phyſionomies l'eſt
beaucoup , & cette nouveauté ne me
ſéduit point: les Arts les plus utiles ,
& les Sciences les plus eſtimées ,
doivent leur origine à la hardieſſe &
peut-être à la témérité de leurs in-
venteurs. Pluſieurs de ceux , qu'on
re-

regardoit de leurs tems comme des hommes foux ou dangereux, passent aujourd'hui pour des modeles de sagesse, & de courage ; & cette pensée ne m'enhardit point : l'esperance d'un nom, écrit un jour au Temple de Mémoire, ne me console pas de le voir effacé de mon vivant du nombre des gens sensez : j'aime mieux la gloire dont je puis jouïr, que celle qu'on peut me promettre ; & toute obscure qu'est ma reputation je la prefere à l'éclat incertain de celle qu'on me fait esperer : c'est vous dire assez que vous êtes le seul objet de mon travail, n'en parlons plus. Je vous plairai si j'écris sur les Physionomies, me voilà décidé à hazarder bien des propos.

Il faut vous avertir d'abord, que je renonce à tout ce qui s'appelle divination, que je n'ay jamais compris que des gens qui raisonnent pûssent croire à ces predictions vagues fondées sur les traits du visage & de la main, à ces relations supposées nécessaires entre ceux qui naissent & ce qui se passe dans le Ciel à leur naif-

sar-

fance, à ces conformitez avec les a-
nimaux établies fur une reffemblance
exterieure de figure : vôtre efprit
& le mien font affez d'accord fur la
vanité de ces preftiges, qui font de
vrais malheureux de ceux qu'ils affli-
gent & des dupes de ceux qu'ils flat-
tent. Je fuirai le merveilleux dans
tout ce que je vous dirai, & fi je pa-
rois vous y conduire quelquefois , ce
ne fera pas parceque je m'écarterai
de la vraie nature ; mais , parceque
je devoilerai à vos yeux quelques-
unes de fes productions qui vous font
inconnues. Je ne fçais fi la meilleure Magie n'eft pas cette efpece de découverte qu'on regarde
comme furnaturelle jufqu'à ce qu'on
en connoiffe le principe. Tout ce
que j'ai à vous dire eft fimple, clair,
& naturel; un vrai Phyfionomifte ne
prédit jamais ce qu'on fera , mais ce
qu'on devroit être , il ne fçauroit deviner les Circonftances où l'on fe
trouvera; mais , il devinera la maniere dont on s'y conduira, fi l'on
s'y trouve: il ne peut decouvrir que
ce qui dépend de celui qu'il confidere,

il

il ne fçait rien de ce qui lui eſt é-
tranger ; il s'aſſure du caractere in-
ſeparable de l'homme , il ne pro-
nonce jamais ſur ſa fortune ; il dira ſi
l'on a des talens , ſans pouvoir en
prédire l'uſage ; il connoitra ce qu'on
pouroit en faire , il ne ſçaura pas pré-
ciſement ce qu'on en fera.

DE tous les Livres modernes que
j'ai lûs où il eſt parlé des Phyſionomies , le ſeul où j'ai trouvé quelques
phraſes raiſonnables eſt celui de Por-
ta : vous ſçavez ſans doute, que ſous
le titre de la Phyſionomie humaine ,
qui ne convenoit point à ſon ſujet ,
il ne s'eſt appliqué qu'à traiter des
reſſemblances des animaux avec les
hommes , & que donnant beaucoup
à l'autorité des anciens Philoſophes
qui ſe ſont ſervi le plus ſouvent du
mot de Phyſionomie dans un ſens
bien différent , il s'eſt amuſé à en-
taſſer les paſſages de ces auteurs &
en a conclu que ceux qui ont quelque
choſe de l'air des animaux tiennent
auſſi quelquefois de leur caractere :
étoit-il beſoin de faire un Livre
pour le prouver ? Au reſte, dans

ce nombre de Philosophes anciens,
je ne comprends pas Aristote leur
maître : sans avoir voulu traiter à
fonds ce sujet, il en a plus dit
qu'eux tous. J'aurai occasion de le
citer quelquefois, & je serai fâché
de ne pouvoir pas le citer toujours. Il est question ici de quelque-chose de plus singulier & de plus
détaillé.

Il faut faire voir, que les hommes ont dans leur Physionomie (sans
comparaison avec les autres êtres)
une preuve claire & animée de ce
qu'ils sont en effet ; que, par leur
exterieur, on peut juger de leur in-
terieur ; que l'assemblage de ce qui
forme leur visage suffit sans d'autre recherche pour assurer quelle
est leur ame. Cette connoissance, si
l'on pouvoit la rendre solide, ne seroit-elle pas bien essentielle ? En
avons-nous qui lui soit comparable ?
On ne desireroit plus cette fenêtre
du Cœur, pour découvrir ce qui s'y
passe de plus secret : vous êtes fla-
té de cette esperance, & vous dou-
tez que je la remplisse, vous me
re-

reprochez déja de vous faire efperer un bien dont vous ne jouïrez
jamais, vous bornez ma fcience à
juger des hommes par leurs difcours & par leurs actions; vous croyez, que j'ay l'art d'ajufter à leur Phyfionomie ce que je fçais d'eux d'ailleurs, pour pouvoir me vanter d'y a-
voir lû, du premier coup d'œil, ce
que j'ay trouvé dans une regle plus
fûre; vous me faites encore la grace
de penfer, que tout cela fe fait en
moi fans que je m'en apperçoive,
& que je fuis dans l'erreur de très
bonne foy. Tout le monde ne me
traite pas avec tant de douceur : j'en
merite de vôtre part; je veux quelque-chofe de plus encore. Il y a dans
tout cela un Phanatifme que j'abhor-
re, je n'aime pas qu'on me trompe,
ni même à me tromper : ne vous
determinez point fur ce que vous devez penfer de mes promeffes, que je
n'aye fait ce que je puis pour les tenir : vous ferez toujours à temps de
me traiter d'infenfé, & d'avoir pour
moi ce fentiment de pitié, dont on
eft touché pour les erreurs de l'ef-

A 4 prit

prit, quand elles fe terminent à celui qui en eft atteint. Chacun à fa folie, & peut-être que fi l'on l'éxaminoit bien, on trouveroit que c'eft par leur folie que les hommes vallent le plus: celle des Phyfionomies eft la mienne, elle n'eft point dangereufe, les bons caracteres y gagnent encore plus que les mauvais n'y perdent, fi l'on louë les uns on fe tait fur les autres, je jouïs fouvent feul des découvertes que je fais. Le Chimifte le plus heureux dans fes recherches ne cache pas avec plus de foin le fecret qui doit l'enrichir: j'en connois mieux les hommes, je me corrige de les vouloir parfaits, on fait comparaifon de leurs défauts, on excufe les plus pardonnables; qui fçait mieux qu'un Phyfionomifte ceux qui le for···, il a le fecret de la Nature: il ne juge que d'après les éclairciffements qu'il tient d'elle, il ne demande à ceux qui l'environnent que les vertus dont ils font capables, fouvent il trouve à les faire valoir, il leur apprend à s'eftimer, il éleve leur courage, il tire d'eux plus qu'ils n'auroient ofé en

ef-

efperer eux - mêmes, il les connoit mieux qu'ils ne fe connoiffent.

Il vous revient une définition ou explication de ce qu'on appelle Phyfionomie; je ne fçais trop comment m'y prendre: ce que je fçais bien, c'eft que la Phyfionomie n'eft point ce qu'on appelle air, figure, mine, traits. J'ay vû des gens, qui fe ref- fembloient, & qui avoient des Phyfionomies très differentes: on balbu- tie quelque tems fur une matiere auffi neuve que celle - ci: fi je me mélois d'Etimologie, j'aimerois affez celle qu'on peut tirer des deux mots Grecs qui compofent le mot François *Phy- fionomie*, ils me paroiffent rendre ma penfée; ces deux mots Grecs figni- fient *Regle de la Nature*; &, felon le Syfteme que je me fuis fait, la Phy- fionomie n'eft autre chofe que la Re- gle que la Nature nous a donnée pour juger des hommes. Vous me deman- derez quelle eft cette regle, où elle eft, de quoi elle eft compofée? Je vous répondrai, qu'elle eft fur le vi- fage, qu'elle eft faite des differentes parties de ce vifage, qu'elle me fau-

A 5 te

te aux yeux dès que j'en vois un, &
que je l'apperçois mieux que je ne puis
la faire appercevoir aux autres : j'espe-
re, qu'à mesure que nous avancerons,
je découvrirai quelque-chose qui é-
claircira ce que je ne puis à présent
vous dire autrement. Ma Lettre est
assez longue : je la finis, en vous assu-
rant que je suis &c.

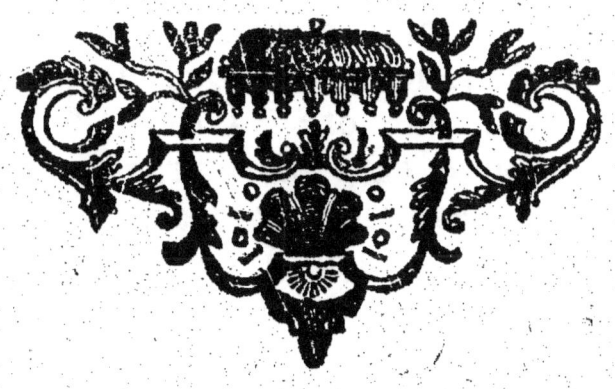

✿✿✿✿✿✿✿✿✿✿✿✿✿✿✿✿✿✿✿✿✿✿✿

LETTRE SECONDE.

J'EN étois resté à trouver qu'il étoit difficile de définir la Physionomie selon l'idée que j'en ai. On dit communement, qu'on n'est obscur avec les autres, que parce qu'on l'est encore avec soi-même. Cette maxime, qui est vraye en general, ne l'est pas ici: je vois clairement ce que je veux dire, & je sens beaucoup de peine à le faire entendre. Un Artisan habile trouve dans un ouvrage qu'il examine des graces & des défauts qu'il n'a pas la facilité de faire sentir à ceux qui l'écoûtent. Il faut être initié dans un Art, pour entendre ceux qui en parlent. N'avez vous jamais vu des gens juger si pitoyablement d'un Tableau, qu'ils vous ôtoient l'espérance de les convaincre de leur tort? Il est vrai aussi, qu'on n'est pas long-tems à entendre parfaitement les choses dont on a déja quelque idée, ou pour lesquelles on a seulement de la

A 6   dis-

difpofition : ceux, qui font dans un
de ces deux cas à l'égard des Phyfionomies, adoptent fur le champ une
decouverte qu'on leur communique,
fans qu'il foit befoin de leur en expliquer les raifons : ceux, qui n'y entendent rien, (& c'eft le plus grand nombre,) ou s'en moquent, par ce qu'ils
ne comprennent pas ce qu'on veut dire, ou font humiliez d'être incapa-
bles de penfer de même : car, il eft
difficile de ne pas admirer les effets
furprenans d'une connoiffance fi rare.

IL me femble qu'il eft inconteftable,
que chaque chofe à fa Phyfionomie,
& j'en juge ainfi par cette raifon :
Ceux, qui excellent dans un art, décident, à la premiere vûe, des bonnes ou des mauvaifes qualitez de l'objet qui eft de leur reffort : leur talent
naturel, aidé de l'habitude qu'ils fe
font faite, ne leur permet pas de fe
tromper ; un bon Jardinier connoit
la qualité & la maturité des fruits à
les voir, il n'a que faire de les ouvrir
pour en juger , il n'a pas recours a-
lors à cette maxime dont il fe fert en
d'au-

d'autres occasions, & qui est si fort accreditée, qu'il ne faut pas juger sur la mine. Si chaque être à sa Physionomie, pourquoi les hommes n'auroient-ils pas la leur ? Si celle des êtres inanimez est si infaillible, pourquoi celle des hommes ne le seroit-elle pas ? &, pour me servir de la comparaison d'Aristote, qui avoit sur cette matiere, comme sur beaucoup d'autres, des connoissances qu'il ne devoit qu'à lui; si les chasseurs connoissent la bonté des chiens par l'inspection de leur figure, pourquoi un Physionomiste ne jugera-t-il pas des qualitez des hommes par l'assemblage des traits de leur visage ? Si l'on convient qu'il y a une Physionomie, il faut qu'elle soit sensible ; si elle est sensible, il peut dépendre de nous de la trouver: la Nature, qui ne fait rien en vain, ne l'auroit pas faite pour la tenir cachée; & quand même elle l'auroit voulu, elle ne l'auroit pas pû. La Physionomie étant une représentation exterieure & nécessaire, ou, si l'on aime mieux, une expression de tous les principes qui

A 7
con-

conftituent chaque homme en particulier, il étoit auffi impoffible de
cacher cette image, qu'il l'eft d'être
grand & de paroître petit, ou d'ê-
tre petit & de paroître grand. Il en
eft du compofé de l'homme, comme
de ces baumes qu'il faudroit détruire, pour les empêcher d'exhaler l'o-
deur qui leur eft propre : à moins
qu'on ne mette en poudre une glace,
elle repréfentera celui qui s'y regarde. La Phyfionómie eft un Miroir, à l'abry de toutes les altérations, que la Vanité ou les autres
paffions pourroient inventer : on y
apperçoit jufqu'aux efforts qu'on fait
pour fe cacher, jufqu'au voile dont
on s'enveloppe : ce qui eft naturel
ne s'y confond point avec ce qui n'eft
qu'artificiel; un accident, une altération momentanée, un chagrin paf-
fager, un caprice, une mauvaife humeur, tout y paroit dans le plus grand
jour : les yeux capables de cette forte de vûe ne font point trompez par
les ftratagêmes qu'on employe pour
fe farder, & ils diftinguent un homme faux d'avec celui qui ne l'eft pas,
com-

comme une femme qui met du rouge
d'avec celle qui n'en met point. Je
crois même avec assûrance, que ce
n'est que par les Physionomies, qu'on
peut juger des hommes: ils varient
leurs discours comme il leur plaît,
leurs actions dépendent des circonstances, la Physionomie seule décele leur caractere. Les changemens,
qui arrivent dans pluspart des hommes avec la fortune, ne font qu'exte-
rieurs; leur caractere est toujours le
même, on n'est étonné de leur Mé-
tamorphose apparente, que parce
qu'on n'avoit pas jugé d'eux sur leur
Physionomie, qui les auroit peint ce
qu'ils étoient. Je croirois avoir jugé
très mal de la Physionomie de quelqu'un, si j'aprenois de luy des choses
qui pûssent m'étonner. Je n'augmente presque jamais d'estime, ou de mépris, pour ceux que je connois par
leur Physionomie. Il y a beaucoup
de gens à qui je sçais gré de ce qu'ils
ne feront jamais: leur disposition m'est
connue. Je n'en exige pas d'avantage, je ne dois pas leur imputer ce
qui ne dépend pas d'eux, ni les rendre

dre garans des effets du hazard qui
paſſe leur pouvoir. Je ris quelquefois tout ſeul des arrangemens que je
donne à certaines perſonnes, & j'ay eu
le plaiſir de les faire convenir, qu'elles auroient fait tout ce que je leur
fais faire, ſi elles s'étoient trouvées
dans les circonſtances où je les place.
Des événemens marquez ont ſouvent
confirmé mes jugemens ; & l'expe-
rience venant au ſecours de la bonne
opinion que j'avois déja de mes idées,
je me ſuis fait une habitude de me
fier aux Phyſionomies, dont je ne puis
revenir. Je ne me hazarde jamais à juger des hommes ſur les recits qu'on
m'en fait : on s'épuiſe envain à louër
ou à critiquer devant moi quelqu'un
que je n'ai pas vû ; j'attends toujours
ſon viſage, pour prononcer ſur ſon
Caractere. Et dans ce viſage même,
me direz-vous, qu'y voit-on, que
des traits communs à tous les hommes, & qui ne varient que par les
couleurs & par les proportions ? J'en
conviens : convenez auſſi, qu'il réſulte de cette varieté des couleurs &
des proportions quelque-choſe, non
feu-

feulement de particulier à chacun ,
puisqu'il n'y à jamais eû deux hommes
parfaitement femblables , mais qui
eſt encore tellement l'expreſſion de
fon caractere, qu'on ne doit pas s'y
méprendre, lorſqu'on a des yeux.

N'en feroit-il point du talent des
Phyſionomies, comme de ceux dont
la nature favoriſe certaines perſonnes ? On en cherche inutilement la
fource : ceux qui les poſſedent en
ignorent fouvent la réalité ; & ils font,
fans avoir rien appris, ce que le travail ne peut procurer aux autres. La
Vérité eſt, que ceux, qui raiſonnent
juſte fur les Phyſionomies, ne l'ont
appris de perſonne , qu'ils ne ſçauroient y former ceux qui n'y ont
pas de diſpoſition, que cette diſpoſition ne s'acquiert point. Pluſieurs
ont ce talent fans avoir la hardieſ-
fe de s'en fervir, leurs préjugez ne
leur permettant pas de croire qu'ils
penſent vrai, lors même qu'ils penſent le mieux. Le hazard m'a fait
croire que je l'avois, je ne l'ai pas
négligé, j'ai cherché à le perfectio-
ner, & je crois avoir réüſſi. Quoique

que ce foit un prefent de la Nature, il
eft fufceptible d'art & de travail : les
decouvertes qu'on ne doit qu'à la Nature guident pour beaucoup d'autres ;
il fuffit prefque d'avoir réüffi une fois,
pour fe faire une forte de regle qui
ne trompe gueres : cette regle, au
refte, n'eft point arbitraire ; c'eft une
efpece d'inftinct, que la Nature donne,
& auquel il eft affez inutile de réfifter :
ce que l'art & le travail peuvent donner de mieux en cette matiere, c'eft
une facilité à juger, qui étonne les
fots. Il y a dans cette connoiffance des plaifirs infinis, tirez de la diverfité des caracteres, qui varient
peut-être encore plus que les vifages ;
ce qu'on voit aujourd'hui ne reffemble point à ce qu'on avoit vû hier, ni
à ce qu'on verra demain. La Nature confiderée phyfiquement eft en
quelque forte infinie : que n'eft-elle
point confiderée moralement ? On
ne voit pas feulement ce qui exifte
dans ce vafte champ, on y voit ce
qui y arrive à chaque inftant, ce qui
peut y arriver : rappellez-vous le
plaifir que vous eûtes à . . . . . . ,

lorflorſque vous voulûtes ſçavoir ce que je penſois de toutes les perſonnes qui s'y trouvérent: vous m'avouätes vôtre admiration ſur la juſteſſe de mes réponſes à l'égard de celles que vous connoiſſiés, & que je voyois pour la prémiere fois. On ne s'ennuye jamais avec ce goût-là: quoique je ſois peu empreſſé de faire des découvertes, je vais ſans peine chez des gens que je ne connois point, dans l'eſperance d'y trouver de quoi exercer mes yeux; & j'en ſors quelquefois enchanté, quoiqu'on n'ait pas pris garde à moi. Je ne vous parle pas des découvertes qui n'ont pour objet que des paſſions accidenteles aux caractères, des diſtinctions que je fais, & qui ſont inconnues à ceux chez qui je les trouve, entre les vivacitez de l'eſprit & celles du Corps, entre les gens qui ont fait leur eſprit & ceux que leur eſprit a faits, entre ceux qui n'ont que de l'étude & ceux qui n'ont que de l'eſprit; entre ceux qui ont fait un mauvais mêlange de l'un & de l'autre, parce qu'ils ont commencé trop tard à les mêler, ou qu'ils s'y ſont mal pris; entre

tre ceux qui cachent leurs paſſions, &
ceux qui les laiſſent voir ; combien
eſt injuſte, & l'eſtime qu'on a pour
les prémiers, & le mépris qu'on a
pour les ſeconds. Je m'abandonne
au plaiſir de vous parler de ce que j'aime, & je ne m'apperçois pas, que
je pourrois vous ennuyer, vous que
j'aime encore plus que les Phyſionomies que j'aime tant.

LET.

✻✻✻✻✻✻✻✻✻✻✻✻✻:✻✻✻✻✻✻✻✻✻✻✻✻

LETTRE TROISIEME.

LE Philosophe, à qui vous avez lû mes deux Lettres, est donc étonné de mes Propositions; il en demande la preuve avec impatience. Faites-moi son Portrait, j'essayerai en attendant de tirer sa Physionomie: il ne seroit pas le premier dont j'aurois connu le Caractere, sans avoir vû autrement la figure. J'ai assez bonne opinion de vos yeux, pour croire que vous me rendrez son visage tel qu'il est, c'est tout ce que j'exige de vous: je serois flatté, s'il s'y reconnoissoit: ce seroit une preuve, qui le convaincroit. Je ne fais pas métier de ces sortes de Portraits, parceque le point de vûe d'un homme échape ordinairement aux meilleurs yeux, & qu'il y en a de plus difficiles à saisir les uns que les autres. Je tenteray toujours; je ne crains pas de me tromper une fois: je suis comme quelqu'un qui a coutume de faire bonne che-

chere à ſes amis ; il ne craint pas de
les voir arriver chez lui, lorſqu'il ne
s'attend pas à les recevoir : la ſurpri-
ſe, qu'ils lui font, excuſe ſon défaut
de prévoyance ; & l'injuſtice de
leurs ſentiments, s'ils en avoient de
deſavantageux à ſon égard, le tran-
quiliſe ſur ſa conduite. Ne lui com-
muniquez point vôtre deſſein ; de peur
qu'il ne s'y oppoſe, ou qu'il ne ſe
contre-faſſe : dans ce dernier état, il
pourroit vous tromper, & vôtre ſa-
gacité naturelle tiendroit peut-être encore moins contre un maſque de Philoſophe, que contre un autre. La
Philoſophie, toute éloignée qu'elle eſt
de ce qui a l'air de fauſſeté, ſe trouve quelques fois placée chez des gens
qui ne s'en ſervent que pour tromper mieux. Je vous avouerai ingé-
nument, que je ſçais gré à ceux qui
ſe donnent pour ce qu'ils ſont : je
leur paſſe alors des défauts, que je ne
leur paſſerois point, s'ils s'efforçoient
de me les cacher. Un homme, à qui
je pardonne ſes paſſions, quoiqu'il en
ait beaucoup, me devient odieux, &
ne me paroit pas pardonnable, quand
il

il prend foin de les dérober à la connoiflance de ceux qu'il appelle fes
vrais amis. Perfonne n'eft fans paffions : il faut avoir mauvaife opinion
des autres, pour croire qu'on leur
perfuadera qu'on n'en a point ; c'eft
donner à penfer, qu'on en a de bien
mauvaifes, que de craindre fi fort
de laiffer appercevoir les fiennes : ce
caractere-là infpire de la défiance, ce
font des gens, avec qui il faut être
continuellement en garde ; mon plaifir eft de me les developer à moi-
même, & de les méprifer beaucoup,
quand je fçais une fois ce que je dois
en penfer. Ce plaifir-là n'efface pas
les chagrins qu'ils me caufent en
trompant les autres : la faute en eft
au peu de connoiflance qu'on a des
Phyfionomies, qui ne laifferoient pas
long-tems les hommes dans la mal-
heureufe habitude d'être fi fouvent
trompez.

J'AI éprouvé, que ces habiles men-
teurs me craignent : ils ont avec moy
un embarras, qu'ils ne peuvent fur-
monter, & qui produit infailliblement
la haine : j'en ay reffenti des effets

ter.

terribles, qui ne m'ont cependant
jamais fait repentir de les avoir connus, quoique je ne puiſſe attribuer
qu'à cette connoiſſance les maux qu'ils
m'ont faits. Il y a bien de la noir-
ceur à vouloir du mal à quelqu'un,
parcequ'on ne ſe trouve pas avec lui
auſſi faux qu'on voudroit .... J'in-
terromps la Lettre que je vous écris,
pour en lire une qui m'arrive : il y
aura quelques Queſtions ſur les Phyſionomies ; ſi elles méritent une réponſe, je vous la dirai avant que de
finir . . . . J'ai deviné juſte, on
me demande s'il eſt à propos de perfectionner la connoiſſance des Phyſionomies ? On trouve trois Raiſons
eſſentielles, capables d'en détourner,
& auxquelles on me prie de répondre, s'il eſt poſſible. La prémiere & la plus forte Raiſon eſt
celle-ci. Il y a infiniment plus d'Hom-
mès méchans, qu'il n'y en a de bons.
De quel avantage peut être une
connoiſſance, qui les develope, &
qui ne ſert qu'à mieux découvrir leur
malice ? On n'y gagne que du Chagrin : on eſt attriſté de voir ſon eſ-
pe-

ce fi méprifable ; & le fruit le plus
ordinaire de cette belle Science eft
de faire des Mifantropes, des hommes extraord naires, qui craignent
leurs femblables, & qui les fuient,
par la jufte apréhenfion qu'ils ont
d'être la victime de leurs paffions
funeftes.

La feconde fuit de la prémiere : il
y a du danger, dit·on, à connoître fi bien les hommes. Rien ne
leur infpire tant d'éloignement : ils
n'aiment point à être pénétrez ; ils
vivent tout au moins génez avec
ceux qu'ils croyent capables de difcerner leur caractere : ils haïffent
ceux, dont ils n'efperent pas être
eftimez.

Enfin, la troifieme eft l'Inutilité
de cette Connoiffance pour ceux qui
la poffedent, qui, foumis comme
tout le monde aux événemens que
le hazard produit, & qui en produit beaucoup, font dans l'impoffibilité de les prevenir, ou de les tour-
ner felon leurs vûes. En un mot,
l'Etude des Phyfionomies n'eft , ni
honorable au Genre humain qu'elle

B   dé-

décrie, ni favorable aux particuliers qu'elle chagrine, ni utile à ceux qui l'ont en partage, qui n'en tirent aucun bien.

CELUI, qui m'écrit, est si prévenu en faveur de ses Raisons, qu'il ne doute pas que je n'abandonne le goût qu'il me connoît pour cette espece de Science : son air de triomphe pourroit en imposer à quelqu'un moins aguerri que moi contre tout ce qui s'appelle lueur & apparence de verité. Je vous fais part de ma Réponse : elle servira à vos amis, si elle vous est inutile. La voici.

LES hommes sont plus fous que méchans : leurs mauvaises qualitez n'éclatent pas plus que leurs bonnes, par l'examen qu'on en fait. S'ils y perdent d'un côté, ils y gagnent de l'autre : les meilleurs Connoisseurs en chaque genre sont les Juges les moins severes ; ceux, qui connoissent le mieux les hommes, leur pardonnent le plus volontiers leurs foibles. La Philosophie, qui est la baze de cette Connoissance, leur apprendra à compenser les défauts par les graces, &
les

les vices par les vertus, à tirer d'eux
le meilleur parti, qui n'eſt pas de s'en
éloigner abſolument, ou de s'en défier toujours ; mais de profiter de ce
qu'ils ont de bon, ſans s'irriter inutilement de ce qu'ils ont de mauvais,
& en prenant de juſtes meſures pour
n'être pas l'objet de leur malice. On
devient Miſantrope, dit on, en con-
noiſſant ſi bien les hommes. Y a t-il
un grand mal de l'être un peu ? Ne
l'eſt pas qui veut. Quant au mépris
qu'on prend pour la Race humaine à
force de la connoître, il doit en être
de la Phyſionomie qui découvre le
caractere des hommes, comme de
l'Hiſtoire qui raconte leurs actions Si
l'Hiſtoire en rapporte de mauvaiſes,
elle en rapporte auſſi de bonnes ; &
ſi l'on ne lui a pas encore objecté,
qu'elle nuit aux hommes qu'elle inſ-
truit, & qu'elle forme en les inſtrui-
ſant, pourquoi reprocheroit-on à la
Connoiſſance des Phyſionomies, qui
eſt bien plus certaine, puisqu'elle re-
préſente les hommes en eux mêmes,
& indépendemment de ce qui les environne, qu'elle ne leur eſt pas hon-
norable ?　　　B 2　　　QUANT

QUANT à la feconde Objection , comme elle fuivoit de la prémiere, la Réponfe que j'y donnerai fuivra auffi de celle que je viens de faire. Je croirai, quoiqu'on en puiffe dire, que, toute compenfation faite, il y a plus à gagner pour les particuliers d'être connus parfaitement, que de ne l'être pas : dans ces particuliers, il n'y en a aucun fans vertus ou fans talens; nous fommes ainfi faits, que, lorfque nous avons à juger de quelqu'un, fes défauts fe préfentent plûtôt à nous que fes vertus, que nous jugeons plus volontiers en mal qu'en bien, & qu'il n'y a enfin qu'un jugement reflechi & approfondi qui puiffe nous faire trouver la verité. Il y a des hommes decriez dans le monde, fans qu'on fache pourquoi. J'éprouve, qu'on eftime plus de gens, quand on ne juge que par foi-même : j'ai trouvé, dans plufieurs, des vertus dont on ne m'avoit jamais parlé, quoiqu'on eut pris grand foin de m'inftruire de leurs défauts. Un Phyfionomifte fage fe tait, d'ailleurs, fur ce qui eft blamable : il ne parle que de ce qui eft bon. Je crois

à

à ceux qui ont ce talent en partage
plus de penchant à loüer ce qui eſt
loüable, qu'à blamer ce qui ne l'eſt pas.
Quel avantage trouve t on à s'afficher
pour le Cenſeur des autres ? En général, les hommes s'aiment ou ſe
haïſſent, ſe craignent ou ne ſe craignent pas, ſans raiſonner: on ne renonce point à ſes amis, parce qu'ils ont
des défauts; on les plaint même quelquefois d'avoir des vices, ſans ceſſer
de les aimer: combien de perſonnes
aſſez parfaites, pour qui l'on n'a que
de l'indifférence?

La troiſieme Objection eſt ſi fauſſe,
que j'ai honte d'y répondre. Les
Phyſionomiſtes n'ayant rien à deviner
ſur les événemens à venir, il n'eſt
pas queſtion qu'ils puiſſent, ou qu'ils
ne puiſſent pas, s'en garantir. Il
ſuffit qu'ils connoiſſent les gens avec
qui ils vivent, qu'ils ſe préſervent des
effets de leurs paſſions folles ou mé-
chantes; & c'eſt encore la choſe dont
ils s'occupent malheureuſement le
moins: il ſe ſervent de cette Connoiſſance comme d'un plaiſir qui les ſatis-
fait, par la verité qui l'accompagne;

ils

ils s'en amufent même, plûtôt qu'ils ne s'en occupent. C'eſt, dans un autre fens, une Etude comparable à celle de la Géométrie : le plaiſir de ſe démontrer des veritez ne laiſſe pas le temps de penſer à ſe les rendre utiles. J'attends le Portrait que je vous ai demandé : vous n'aurez pas de Lettre de moi, que vous ne me l'ayés envoyé. Je fuis &c.

LET.

LETTRE QUATRIEME.

VOUS m'avez joüé un mauvais tour, en m'envoyant deux Portraits au lieu d'un, & fans vouloir me dire quel eft celui du Philofophe : vous vous êtes fervi contre moi des Avis que je vous donnois contre lui : je n'en ai point de chagrin, je fuis même flatté par avance du plaifir que vous aurez de vous confirmer dans l'idée que vous devez avoir de ma bonne foi. Celui, dont vous me parlez en prémier lieu, a, dites-vous, le teint un peu livide, les yeux petits, enfoncez, malades, & prefque fermez quand il rit : fon rire n'eft pas beau, il ouvre trop la bouche, il y a même du cauftique dans fa façon de rire, fa bouche fermée lui fait un air rechigné : il a le nez tout d'une venue : le fombre regne fur fon vifage : fon front eft ordinaire. Je n'avois que faire de fa taille qui eft au plus mal, de fon ventre en pointe, de fes ge-

noux

noux en dedans, & de ſes jambes deſſé-
chées. En voilà plus qu'il n'en faut
pour vous dire, que je ſuis très faché
d'avoir entrepris un pareil Portrait,
& qu'il n'y a qu'une diſcrétion comme la vôtre, & une complaiſance
comme la mienne, qui puiſſent me le
faire achever. Je crois donc, que
l'envie le domine, qu'il eſt jaloux de
tout le bien qu'il voit ; que, peu capable d'en faire lui-même, il voudroit
qu'il ne s'en fît point ; que, dans l'impoſſibilité de l'empêcher, il efface autant qu'il peut la gloire qui en revient
à ceux qui en ſont les auteurs ; qu'il
n'eſt content, que lorſque, par ſa critique envenimée, il a fait penſer à ceux
qui l'écoutent, qu'il vaudroit mieux
que les autres reſtaſſent dans l'inac-
tion comme lui, que de chercher à en
ſortir. Je le crois intéreſſé & fla-
teur, vantant beaucoup des vertus
qu'il n'eut jamais : d'un eſprit mé-
diocre, il devoit trouver dans ſes talens faux de quoi faire une petite fortune. Je crois qu'il loue autant les
morts, qu'il blâme les vivans: l'intérêt doit le rendre d'un commerce aſ-
fez

fez doux, quoique la douceur ne lui
foit pas connue; il eft plus poltron
qu'il n'eft doux: la plus part des hommes ne font ces différences, que dans
les circonftances importantes qui font
très rares; il ne m'aimeroit pas, s'il
me connoiffoit. Ne retenez de tout
ce que je vous en dis, que ce que l'expérience vous aura démontré. Je puis
me tromper, avoir mal pris ce que
vous m'en avez rapporté, & m'en
être fait une idée chimérique, qui n'e-
xifte point, & fur laquelle je me fon-
de comme fi elle étoit certaine. Au
refte, s'il s'eft tourné du côté des Sciences, il peut en avoir acquis quelques-
unes, dont il fçait donner des marques
à propos: il les a moins étudiées, que
l'art de les faire valoir: fa façon de
rire me dit, qu'il n'a pas l'efprit jufte.
Je crois le fiege principal de fa Phyfionomie dans la longueur de la levre
fupérieure, qui, jointe avec celle de
deffous, a beaucoup de l'air d'une bouche de poiffon. Je ferois faché, que
ce fût-là votre Philofophe: vous
compteroit-il au nombre des gens qu'il
a trompez? Ce feroit grand domma-

ge: gardez-vous sur-tout de le con-
sulter sur ce que vous devez penser
des autres; il ne vous en donneroit
pas des idées bien justes: il a intérét
à les croire méchans, & il n'est pas
capable de les trouver bons.

Le Portrait qui suit est plus agréable, & je souhaitte que des deux que
vous me proposez ce soit celui que
vous aimiés le plus: son air riant &
ouvert annonce sa bonne humeur: sa
bouche, telle que vous la peignez, assu-
re sa franchise & sa bonne foi; je lui en
crois beaucoup: ses yeux ont une netteté, qui marque la justesse de son esprit dans les choses de sa portée. Il
peut s'être perdu quelque-chose de sa
pénétration dans l'embonpoint de sa
personne: il a gagné, du côté de la
tranquillité & de l'égalité, ce qui
lui manque de feu & de vivacité. La
conformation de ses lèvres peut le faire valoir aux yeux de certaines personnes; je n'en veux tirer qu'un augure de douceur & de bonne amitié
dans le commerce de la vie: sur ce
que vous m'en dites, je juge qu'il ne
devroit pas faire le métier de Sçavant;
en

en cas qu'il ait embraſſé cette pro-
feſſion, il ne ſera pas le prémier qui
ſoit dans un état auquel la Nature ne
l'avoit pas deſtiné: quoiqu'il en ſoit,
il doit le remplir agréablement, & à
la ſatisfaction de ceux qui le fréquen-
tent ; & y a-t-il quelque choſe de
plus précieux, qu'un caractere de cette eſpece? Si je ne vous dis rien de
plus ſur ces deux Portraits, c'eſt que
vous ne m'avez point mis à même :
il y a mille choſes à obſerver dans
un viſage, qui denotent chacune quelque qualité bonne ou mauvaiſe. Vous
trouvez ſingulier, que les vices & les
vertus, les habitudes & les penchants, les goûts & les talens, qui
paroiſſent ſi fort tenir de l'eſprit, que
nous ne ſçavons preſque comment les
définir à part, ſoient connoiſſables
par des traits purement matériels, tels
que ſont les couleurs & les figures de
la matiere. Vous me demanderiés
volontiers de quelle couleur eſt l'ambition, ſi la colere tient du cercle, ou
du quarré. Je ne vous empêche point
de badiner ſur mes idées : c'eſt toujours beaucoup gagner, que de vous

réjouïr. Si je ne viens pas à bout de
vous démontrer mon Syſtême, je l'a-
vancerai du moins aſſez, pour vous
y faire trouver de la vraiſemblance.

ON en revient toujours au peu d'a-
vantage qu'on tire de cette Science; &
l'on ne manque pas de me demander
à moi-même, ſi elle m'a beaucoup ſervi? C'eſt une ſorte d'inſulte, qu'on
prétend ajoûter à ma ſituation, & qui
ne va pas juſqu'à moi. Je réponds,
qu'elle eſt aſſez inutile pour s'enrichir, quand on ne s'en ſert que pour
s'amuſer: il m'eſt arrivé plus d'une
fois de reconnoître, que ſi j'avois voulu en uſer autrement, j'aurois trouvé
des moyens aſſez ſûrs d'augmenter
ma Fortune: plaçons-la avec ce que
nous appellons vertus & talens, &
nous ne ſerons pas étonnez, qu'elle
n'enrichiſſe pas; tout ce qui eſt marqué à ce coin là eſt ſujet à la médio-
crité. Le ſeul profit, que j'ay tiré des
Phyſionomies (& je le mets ſans peine au-deſſus de tous de ceux qu'elles
pouvoient me procurer) a été de me
faire de vrais Amis, ſur leſquels je
compte, comme ils peuvent compter
ſur

fur moi. Vous fçavez que le Comte
de ***, & le Chevalier ****, ont fait
ce qu'ils ont pû pour être de mes
Amis: j'ay réfifté aux efforts de l'un
& de l'autre, & je ne dois qu'aux
Phyfionomies la réfiftance qui m'a
fauvé de leur commerce empoifon-
né. Il n'eft pas indifférent de s'en-
gager jufqu'à un certain point : on
n'eft pas maitre de rompre quand
on veut; & l'on eft toujours trompé, quand il n'y a que l'habitude de
vivre avec les gens qui nous apprend
à les connoître. Jugez de ce que
je penfe de vous par mon Amitié,
qui n'a jamais varié un moment: j'o-
fe même dire, que peu de gens peuvent vous aimer comme je vous aime;
parceque peu de gens vous connoiffent comme je vous connois. Il y
a bien des reffources pour l'huma-
nité dans le talent des Phyfionomies: la plûpart des hommes faififfent le mal plutôt que le bien, ou
tout au moins s'arrêtent au mal, fans
s'embaraffer s'il n'eft pas corrigé
par le bien: il n'y a que les Phyfionomiftes, qui percent l'écorce, &

qui

qui vont au-de-là de ce qui paroit aux yeux ordinaires. Combien d'hommes feroient adorez, s'ils étoient connus, & fi l'on fuppléoit aux circonftances qui les feroient connoître par la Phyfionomie qui n'en a pas befoin. Il eft tems d'en venir aux vrais Principes, que je vous ai promis, & qui fondent la Connoiffance des Phyfionomies. C'eft là le Nœud du Syftême : ce ne fera pas le Nœud Gordien. Adieu : je ne tarderai pas à vous écrire.

LET-

LETTRE CINQUIEME.

VOUS trouvez, que j'ai répondu af-
lez juste aux deux Portraits : il
vous reste à sçavoir pourquoi je place
le siége principal de la Physionomie
du prémier Portrait sur la levre supe-
rieure. Comment vous le dirai je ? Je
ne le sçai encore que confusément :
il m'est arrivé souvent de trouver des
Physionomies placées ainsi ; ce ne
sont pas les meilleures : il y en a,
dont les dents sont la Physionomie.
N'avez-vous jamais vû *des dents bêtes?*
Dans d'autres, c'est le nez, le front, les
joües, ou le menton. Les yeux domi-
nent dans le plus grand nombre : il y
a une Remarque à faire sur les yeux ;
on prend quelque-fois pour de l'esprit,
& même pour de la finesse, la passion
qui les anime, & qui les éclaire : telle
femme débauchée passeroit pour a-
voir beaucoup d'esprit, si elle vouloit
ne laisser parler que ses yeux : en général, c'est l'assemblage des couleurs

&

& des traits, qui forme la Phyſionomie : on a voulu les ſeparer, & de-là
eſt née cette foule de Sciences divi-
natoires, qui, ſans avoir aucun Principe certain, avoient pourtant pour fondement la certitude des Phyſionomies.

CES Sciences ont erré, dès qu'elles
ont perdu de vûe la réünion dont je
parle, & qui faiſoit leur ſolidité. On
a vû la Métopoſcopie ou la connoiſſance du front, la Cheromancie ou la connoiſſance de la main, donner des preuves, je ne dis pas ſeulement de vanité, mais de folie & d'extravagance.
Remarquez en paſſant, que les Sciences
les plus folles ont une origine ſage ;
que ce n'eſt que pour en avoir pouſ-
ſé les conſéquences trop loin, qu'on
les a décriées, rendues ridicules ; &
que la plus-part des hommes, qui jugent ſuperficiellement, ſe ſont déter-
minez à les condamner ſans reſtric-
tion. L'Aſtrologie, par exemple, n'eſt
qu'un Abus de l'Aſtronomie, le grand
Oeuvre eſt fondé ſur la Chymie, la
plus-part dès ſocelleries ont pour premier Principe la connoiſſance des ſim-
ples.   POUR

POUR revenir au sujet dont je me
suis écarté, il peut se faire, que la
Nature se décele par un seul trait :
c'est alors une exception, qui ne doit
pas nuire à la regle générale. Ce n'est
pas un seul signe, dit Aristote, c'est
l'assemblage de plusieurs, qui peut fonder un jugement. Ce fut par la réünion
des traits de Socrate, que Zopire jugea
que ce Philosophe avoit des inclinations mauvaises, & un caractere vicieux : ce ne fut qu'après avoir consi-
deré quelque tems Sylla, qu'Orobaze,
Ambassadeur des Parthes, s'écria, qu'il
étoit étonné que ce Romain pût souffrir dès lors de n'être pas le prémier
du Monde. Si Ciceron avoit jugé de
César par sa Physionomie, plutôt que
par son habillement efféminé, il n'auroit pas pris le parti de Pompée contre lui, comme il l'avoua après la Ba-
taille de Pharsale. Cette erreur de
Ciceron me conduit à une Réfléxion
que je ne dois pas négliger. Les atti-
tudes & les allures du corps, qui ne
sont qu'accidentelles, & que l'habitude imprime, sont fort différentes des
autres : il est pourtant difficile de les
con-

connoître, & de ne pas les confondre avec celles que la Nature produit
dans la difpofition & la conformation
des organes. Quoiqu'il y ait autant
de différence entre elles, qu'il y en a
entre l'Art & la Nature, l'étude affi-
düe, que les hommes font de l'Art, les
endurcit, & les prive prefque tous de
cette délicateffe de difcernement & de
tact, néceffaire à la connoiffance de la
Nature. Celui qui, en touchant la main
de cet étranger, décida par la dureté
de fa peau, qu'il étoit d'une baffe ex-
traction, pouvoit fe tromper : le travail opere tous les jours de pareilles
altérations ; il n'y a point d'Artifan,
qui fe garantiffe de l'impreffion, que
l'efpece de Métier qu'il fait porte avec
foi. Sans connoître le fameux Antoine
Coipel de vifage, j'affurai qu'il étoit
Peintre, après l'avoir vû à la Comédie
Italienne, pendant toute une piéce qui
l'appliquoit beaucoup, tenir fon pou-
ce levé, comme s'il eut été emploïé à
foutenir fa palette. J'ai entendu dire,
que, du tems de Mr. le Prince, que
fon génie fupérieur rendoit propre à
tout, il y avoit des paris fur le pont-
neuf

neuf, pour deviner la profession de
ceux qui paſſoient, ſeulement à les
voir marcher ; & qu'il s'amuſoit quelquefois lui-même à dire ſon Avis. Il
n'eſt pas étonnant, que le corps ſoit
affecté par l'habitude, puiſque l'eſprit
même ne peut s'y ſouſtraire, ſans de
grands efforts. Il faut une ame d'une
trempe bien ſinguliere, pour ſe préſer-
ver de la contagion de l'habitude.
Chaque Etat, chaque Ordre, n'a t-il pas
ſes Principes, & ſes Façons de raiſonner, & d'enviſager les choſes ? Faut-il
toujours voir l'habillement d'un homme, pour ſçavoir ce qu'il eſt : enten-
dez-le parler, & vous le connoîtrez
bientôt.

CEUX, qui ſont capables de réfléchir
ſur ces diverſes Affections, acquiérent
des connoiſſances qui les étonnent, &
qui pourroient les faire paſſer pour
des Magiciens. L'habitude donne
des vices, ou des vertus, pour leſquelles on n'avoit preſque point de diſpoſition, & qui ne reſſemblent jamais bien
aux vices, ou aux vertus naturelles.
La libéralité, qui n'eſt que ſuggérée, ou
que la vanité produit, eſt d'une toute
au-

tre eſpece, que le plaiſir naturel de faire du bien. Tel fait le métier d'un
homme faux, qui étoit né pour être
vrai.

IL eſt aſſez reçu dans le Monde de
n'avoir pas grande confiance aux vertus acquiſes, parcequ'elles n'ont jamais
ſur nous le même empire, que les autres; mais, on n'y ſçait point les diſcerner parfaitement : on diſtingue
l'homme affecté de celui qui eſt ſimple & naturel dans ſes manieres; la
femme, qui ſe donne dés graces, de
celle qui en a. Cette connoiſſance n'eſt
que groſſiere : les gens adroits ne s'en
embaraſſent pas, & ſçavent que, pour
peu qu'on ait de fineſſe & d'habitude
à joüer ſon rôlle, on trompe avec
impunité, & l'on paſſe pour ce qu'on
veut.

LET-

✱✱✱✱✱✱✱✱✱✱✱:✱✱✱✱✱✱✱✱✱✱✱✱

LETTRE SIXIEME.

IL eſt tems, dites-vous, que j'éta-
bliſſe des Principes. J'en ai plus
d'envie que vous. J'ai crû à propos
de vous prévenir ſur beaucoup de Conſéquences : vous n'en connoîtrez que
mieux la vérité des Principes ; elles
ſerviront d'aurore au jour qui doit ſuivre. Vous dédaigneriés peut-être
ceux-ci, ſi vous ne voyés dans celles-
là les effets merveilleux qu'ils produiſent : & puiſqu'il eſt impoſſible de dire à la fois tout ce qu'on voudroit
& ce qu'on devroit dire pour ſe faire
entendre, il faut néceſſairement partager ſon ſujet. Qu'importe après tout
par où je commence, pourvû que je
finiſſe bien? Si mon voyage eſt heureux,
je me ſçaurai gré du chemin que j'aurai tenu, quel qu'il ſoit. J'ai aſſez de
raiſon de ſouhaiter, que vous ſoïés
content de mon travail, pour qu'on ne
ſoit pas en peine de ma façon de travailler : mon amour-propre eſt plus
in-

intéressé que le vôtre au succès. Vous n'aurez encore de moi aujourd'hui aucun Principe : j'ay autre chose à vous dire. J'ay rencontré un homme, qui s'est pris de conversation avec moy : il a fait tomber le discours assez adroitement sur l'Inconstance. Je ne sçais s'il m'en croyoit, ou s'il craignoit d'en être soupçonné ; je croirois plutôt ce dernier : il m'a fait un grand étalage de ce qu'il avoit appris ou imaginé contre l'Inconstance. Je l'ai écouté sans l'interrompre : lorsqu'il a eu achevé, je me suis contenté de lui dire, qu'il étoit bien malheureux de n'avoir pû se persuader à lui-même de fuir le vice dont il m'avoit fait une peinture si odieuse. Il m'a quitté sur le champ : je ne compte pas le revoir. Il avoit l'Inconstance peinte dans les yeux : il regardoit tout, sans rien voir. On prendra cela pour de l'Etourderie ; c'étoit de la bonne Inconstance, qui est pire : l'âge détruit la prémiere, & augmente l'autre. Je suis faché du peu de cas qu'on fait des Physionomies. Je n'ay pu persuader à une femme, que j'avois de la raison : une

au-

tre croit, que j'en ai trop. Le Chevalier. . . . . m'est venu voir, pour apprendre de vos nouvelles, je lui en ai donné: il m'a demandé si les Physionomies me tournoient toujours la tête; je l'ai assuré, qu'elles ne tourneroient jamais la sienne. Il a bien pris ma réponse: il m'a fait cent questions sur son propre caractere. Je me suis engagé à lui démontrer, qu'il avoit de la hardiesse à penser: il ne s'en étoit pas apperçu, quoiqu'il pense depuis 40 ans. Il m'a fort remercié de cette découverte: c'est un trésor, qu'il a trouvé sans beaucoup de peine. Il l'a dit depuis à tout le monde; j'ay reçu trente visites à ce sujet. Si cela duroit, je pourrois bien faire le petit Devin. Vous sçavez comme j'aime l'esprit, quand il est tout seul: un homme, qui n'a rien de plus, s'est mis en tête d'apprendre de moi les Physionomies; il me persecute au point, que je crains d'être obligé de lui dire qu'il m'ennuye, l'injure la plus atroce, qu'on puisse faire à un homme de ce caractere. Une preuve

ve, qu'il ne sçaura jamais ce qu'il
veut apprendre, c'est qu'il ne s'est
pas encore apperçu de ce que je
pensois de lui. A propos de cela,
le vieux Militaire, que vous m'avez
recommandé, me divertit par sa façon de penser sur moi : il en change tous les jours ; & si je lui donnois à
la fin du mois jour pour jour ce qu'il
a pensé, je crois qu'il en auroit honte :
je n'en ferai rien. Sçavez-vous ce qui
m'humilie de sa part : ce n'est pas cette legereté, ni ces variations conti-
nuelles ; c'est qu'il n'estime en moy
que ce que j'y estime le moins, qui
est l'esprit. Si je voulois, il me mettroit
en colere : il pense, que je veux le
tromper, quand il paroît quelque-chose de plus dans mes discours, & dans
ma conduite. Il est en garde contre
ce que j'appelle mes vertus, comme
je le serois contre des vices. La sim-
plicité du cœur lui paroît une chimere, si l'on la sépare de la bétise : il
n'a jamais pû comprendre, qu'on trouve quelquefois l'esprit uni avec la
franchise, la bonne-foi, & même l'ingénuïté. J'ai beau lui dire, qu'il y a
des

des gens qui font fimples à force d'a-
voir de l'efprit, comme il y en a qui
font fimples faute d'en avoir affez: il
n'a jamais pu mettre ces diftinctions
dans fa tête; il veut tout confondre,
& je ne l'en empêcherai pas. Il n'eft
pas le feul de fon efpece: j'en vois
tous les jours, qui, avec des oppofitions
invincibles à bien juger, portent fur
tout le monde des jugemens qu'ils
croyent fans appel. Il feroit bien à propos de dévoiler ces perfonnages-là
à leurs propres yeux. Il y a trop de
rifque: les travers du monde les rendent recommandables, & la fortune
leur a affuré leur impunité. Il faut
fouffrir en Philofophe ce qu'on ne peut
empêcher, fe garantir d'une foule de
Réfléxions affommantes fur l'injuftice
des deftinées, & fe dédommager des
fotifes que tant de gens font tout haut,
par la liberté de les condamner tout
bas. Cette confolation n'eft pas inutile:
elle m'a fervi plus d'une fois. Il y en
a d'autres, & quelquefois ce font les
mêmes qui veulent qu'on les féduife,
& les honnêtes gens ne féduifent point,
qui croyent fans talens ceux qui ne

C   fça-

fçavent pas s'en vanter avec adreſſe:
leur pénétration ne va pas juſqu'à découvrir ce que la modeſtie cache, ou
que les circonſtances ne démontrent
pas encore. Auſſi leur arrive-t-il d'ê-
tre étonnez, après dix ans d'habitude
avec quelqu'un, de lui trouver des qualitez bonnes ou mauvaiſes, que ſa ſeule Phyſionomie pouvoit annoncer dès
le premier jour. Je veux finir cette
Lettre par une Hiſtoire, qui eſt un vrai
Jeu des Phyſionomies. Je ſoupai, il y a
quelques jours, chez un de mes Amis,
avec une Femme qui me connoiſſoit
auſſi peu que je pouvois la connoître.
La converſation fut générale pendant
un tems: nous étions dix à table. Je ne
lui parlai point, ni elle à moi. Elle
me regarda beaucoup: ſon attention
me ſurprit, m'embaraſſa, & me fit rougir. Je m'apperçus, que ma rougeur la
divertiſſoit: le plaiſir, qu'elle y prit,
me rendit ma couleur naturelle. Il
n'y eut qu'un homme à côté de moi,
qui pût s'appercevoir de ce qui ſe
paſſoit. Il me dit à l'oreille, qu'on
m'en vouloit: je ne lui répondis rien.
Le ſouper finit, & le jeu auſſi. Elle
me

me demanda mon bras, pour la mener jufqu'à fon Caroffe : je le lui donnai. Elle rit pendant tout le chemin,
fans me dire un mot : elle fe rendit
chez elle. Je m'allai coucher, l'imagination fort échauffée de la Scene muëtte
qui venoit d'être jouée, & cherchant
à me l'expliquer : j'en avois befoin.
Le lendemain dès les neuf heures, je
vis entrer un de fes gens chez moi,
qui me fit fes complimens, & qui me
dit de fa part, qu'elle me prioit de lui
mander l'explication de l'Enigme, que
j'avois lue la veille en foupant. Je fus
au fait dans le moment : je lui écri-
vis fimplement tout ce que j'imagi-
nois avoir lû dans fes yeux ; en la priant de me mander ce qu'elle avoit
lû dans les miens. Elle me répondit,
que je ne m'étois pas écarté d'un io-
ta de tout ce qu'elle avoit penfé ; &
je fus obligé de lui avouër, quelle m'a-
voit deviné parfaitement. Il entra
dans ces explications des détails, que
vous n'imagineriés jamais, & qui me
firent des plaifirs que je ne puis vous
exprimer. Il s'étoit paffé dans nous
des chofes infinies, qui fe contrarioient,

C 2   qui

qui varioient à tous les inftans, &
dont il ne nous étoit pas échappé
la moindre Circonftance, ni à l'un,
ni à l'autre. Si vous n'êtes pas content de moi aujourd'hui, vous le feréz
l'ordinaire prochain.

LET-

LETTRE SEPTIEME.

NE vous eſt-il jamais arrivé de
vous enivrer d'eſtime pour quelqu'un qui ne le méritoit pas? Il n'y a
point de milieu : il faut avoir été dupe de quelqu'un, ou que quelqu'un
l'ait été de nous. Je ne vois point de
Maiſon, qui n'ait ſon Oracle : vous entendez la force de ce nom. Ces Oracles
ſouvent ne ſeroient pas écoutez ailleurs, que là où ils ſont : ils n'ont même de l'eſprit, qu'au milieu de leurs
adorateurs. Les plus heureux ſont ceux,
qui ſe les conſervent long-tems : la
plûpart ſont reconnus à la fin pour ce
qu'il vallent : quelques-uns trompent
toujours. J'ai eu l'avantage d'en rencontrer quelquefois. On les reconnoit, à l'air d'Autorité, qu'ils ſe donnent
ſur une foule de gens aſſez aveugles
pour les croire & les admirer. Quand
ils ont l'habileté de fonder leur Autorité ſur la Religion, ils vont bien loin :
la prévention des admirateurs aug-

men-

mentant alors par la sainteté du motif qui les anime, il n'y a point de
sortes de Contradictions où l'Oracle ne
puisse tomber impunément. Il auroit
tous les défauts, & même tous les vices, qu'il deffend aux autres, qu'on le
croiroit parfait. Il ne faut pas s'imaginer, que l'esprit préserve tout seul,
de cette sorte d'esclavage, les gens oc-
cupez, ceux qui ne le sont point du
tout, les gens à imagination, ceux
qui n'ont point de Principes, ce qu'on
appelle les belles Ames. Ces especes diverses d'Hommes peuvent, avec un esprit infini, avoir leurs Oracles. Il y a
des Oracles, qui font leur Métier de
bonne foi, qui croient tout ce qu'ils
débitent. Ceux-là ne sont pas dangereux: aussi ils ne durent gueres;
leur regne n'a qu'un tems assez court.
Pour être un bon Oracle, il faut être
un peu fourbe: les Oracles des Païens,
qui ont le plus duré, sont ceux qui a-
voient les Prêtres les plus adroits.
Un Oracle de ma connoissance m'a
rendu vraisemblable tout ce qu'on raconte de plus merveilleux des Oracles des faux Dieux. Quelque mépris

pris que me donne pour lui le rolle
qu'il joue, je ne puis refuser une forte d'admiration à l'adreſſe qu'il employe, & ne pas louër ſon eſprit,
quoique j'en condamne l'uſage. Il m'a
plus amuſé lui ſeul, que mille autres
n'auroient pû faire. Dans la République la plus vertueuſe du Monde, on ré-
compenſoit l'adreſſe à voler, ſans ap-
prouver le vol en lui-même. Dans
quels malheurs les Oracles dont je parle n'ont-ils point jetté des Etats entiers?
On n'eſt pas plus à l'abri des préven-
tions ſur le Trône qu'ailleurs, quoiqu'on dût naturellement y mieux connoître les hommes. Combien de
Princes ſe ſont perdus, eux & leurs
Peuples, pour s'être livrez aveuglé-
ment à des hommes, qui étoient leurs
Oracles! Ce que je dis des hommes
en général doit s'entendre des femmes.
Je ſuis bien éloigné de les exclure de
la connoiſſance des Phyſionomies.
Moins occupées des Sciences que nous,
elles conſervent mieux cette délicateſſe de ſentiment, qui eſt d'un ſi grand
ſecours dans les études de l'eſpece de
celle-ci. Quand elles ſont pourvûës de

C 4   beau-

beaucoup d'efprit naturel, elles n'ont
rien à defirer du côté des Sciences : leur
extrême délicateffe les dédommage
alors de ce qu'il leur manque de Science, & y fupplée quelque-fois avec ufu-
re. La Science nuit fouvent aux hommes : en cultivant leur efprit, elle l'endurcit. Elle reffemble affez à ces dro-
gues de la Médecine, qui, en nous dé-
livrant d'un mal que nous avions, nous
en donnent un que nous n'avions pas.
J'ai vû des femmes, qui n'avoient pour
guide que leur feul efprit, raifonner
plus jufte que des Philofophes, qui a-
voient étouffé le leur par la Science.
On s'écarte du vrai, en s'écartant de la
Nature ; & la Science en eft quelquefois bien loin. La Science la plus ef-
timable eft celle qui a orné l'efprit,
fans qu'il paroiffe avoir pris la peine
d'apprendre. Je n'ay vû cette Science que rarement, & je crois feulement
dans quelques femmes : j'en attribue
toujours la gloire à la délicateffe qui
eft leur partage. Je vous démontre-
rai quelque jour, que cette grande délicateffe de fentiment eft fondée fur la
délicateffe de leur tempérament ; & que
les

les femmes, qui reffemblent aux hommes par leur force, n'ont point cette délicateffe de fentimens, ou en ont
encore moins que les hommes. Je fi-
nis·là ma Lettre, preffé par l'o-
bligation de répondre à une qui m'arrive, dont je vous ferai part une autre fois.

****

LETTRE HUITIEME.

VOILA la Réponſe que j'ai faite à la Lettre, que je reçus en finiſ-ſant la derniere que je vous écrivois. Je ne pouvois mieux faire, que de vous l'envoïer: elle vous amuſera, ſi elle ne vous perſuade pas. Elle ne s'écarte point de notre Sujet épiſtolaire: il s'a-git de la Phyſionomie de l'Ecriture. On veut ſçavoir ce que j'en penſe; & tout ce qui a quelque relation avec la Phy-ſionomie, en quelque genre que ce ſoit, eſt de mon reſſort: n'ai je pas-là une Jurisdiction bien étendue? Si j'avois autant de Vaſſaux, que j'ai découvert de Phyſionomies, je ſerois un des plus puiſſans Seigneurs qu'il y ait en Fran-ce. Liſez donc.

Je ne ſuis point d'Avis, qu'on ſe fon-de beaucoup ſur la Phyſionomie de l'Ecriture de quelqu'un, pour juger du caractere de ſon eſprit. Je ne crois pas non plus, qu'il faille la négliger entiérement. Les Exemples, qu'on cite

pour

pour & contre, ne décident de rien :
parcequ'ils ne viennent pas de gens
affez habiles pour nous faire penfer
qu'ils étoient en droit d'en connoître;
&, en fecond lieu, parceque ces Exemples, qui font rares, peuvent être l'effet
du hazard, à qui on doit une infinité
de chofes, qu'on croit admirables, fans
s'être donné la liberté d'éxaminer leur
véritable origine.   Si je voulois vous
en impofer, je vous citerois un Exemple arrivé fous le Regne de Louïs XIV,
& où il eut part. Un homme, qui fe
vantoit de deviner les gens par l'Ecriture, parvint à la connoiffance de Madame de..., par le moyen de R. qui étoit
un de fes ferviteurs.   Madame de...
voulut l'éprouver, elle dit à R., qui
contrefaifoit l'Ecriture du Roi jufqu'à
pouvoir le tromper lui-même, de la
contrefaire. Elle donna cette Ecriture au prétendu Devin pour l'examiner.
Le Devin parut agir de bonne-foi. Il ne
s'informa point de qui cette Ecriture
pouvoit être: &, fans craindre les con-
féquences que pouvoit avoir fa liberté à dire fon fentiment, dans un païs
où regne l'habitude de le cacher, il

dit

dit tout ce qu'il penſoit de cette
Ecriture ; & il en penſoit très mal. Il fit
un Portrait fort deſavantageux de celui qui avoit écrit : & , lorſque Madame de... voulut lui faire croire, que
cette Ecriture étoit du Roi, il lui répondit, que ſon Art ne lui apprenoit
point à connoître les Rois, mais les
Hommes. Madame de ..., qui reconnut que R... étoit tel qu'on l'avoit
peint, fut convaincue de l'habileté du
Devin, & le renvoïa. Elle avouä au
Roi ce qu'elle avoit fait : il en fut flatté
extrémement ; parce qu'elle lui fit entendre, qu'il y avoit des différences entre ſon Ecriture, & celle de R..., que
le Devin avoit ſaiſies, & ſur leſquelles
il s'étoit fondé, pour établir un Portrait
ſi différent de ce qu'il étoit, & ſi reſ-
ſemblant à R... Elle n'oſa pourtant
pas débiter cette Hiſtoire, qui n'auroit
peut-être pas été interprétée de même de tout le monde. Ce Fait, tel
qu'il eſt, eſt infiniment frappant en faveur de la Phyſionomie de l'Ecriture,
& peut ſervir de preuve de la défiance où il faut être de tout ce qui a l'air
merveilleux. Car, tout démonſtratif
qu'il

qu'il paroît être, il ne conclut rien de
bien folide. Prémiérement, parce qu'on
ignore fi le Fait eft tel que je le raconte, quoique je le fçache de bonne part.
Je trouve qu'il n'y a rien de plus difficile, que de bien conftater les Faits : on
s'épargneroit une infinité de Difputes,
fi l'on commençoit par-là. Seconde-
ment, qui fçait fi l'homme en queftion
ne fut pas informé que l'Ecriture é-
toit de R...? Eft-il vraifemblable, qu'il
ait ofé dire à Mad. de... tout ce qu'il
penfoit du Roi, n'en penfant rien qui
ne fût defavantageux ? Enfin, on ne
fçait pas non plus fi le hazard feul
n'en a pas décidé, comme il décide de
beaucoup de chofes pareilles, aux quelles nous ne le foupçonnons pas d'avoir
part. Je me défie de tout ce qui eft extraordinaire, & j'ay raifon ; fur-tout
dans le cas dont il s'agit. Car, fi l'Ecriture de R... eut reffemblé beaucoup
à celle du Roi, il fuivroit néceffairement dans ce Syfteme, que le Caractere de R.. n'étoit pas fort différent de
celui du Roi : ce qui eft faux aux yeux
de l'Univers ; perfonne n'ayant ofé re-
fufer au Roi les qualitez qui font l'hon-

nête

nête homme. Il avoit reçu de la Nature un esprit & un cœur faits pour ré-
gner. L'amour de ses sujets, & l'admiration de ses ennemis, lui avoient donné
comme de concert le Titre magnifique
de *Grand*, que la Postérité toujours é-
quitable lui conservera.   Je voudrois
donc, qu'on raisonnât ainsi sur l'Ecriture, sans aller plus loin.   Il n'est pas
douteux, que nous écrivons pour la
plus-part bien ou mal, selon que nous
avons bien ou mal appris ; que le Maître, qui nous a montré, influe beaucoup
dans la sorte d'Ecriture que nous prenons dans la suite, sans qu'il y ait entre le Caractere d'esprit du Maître, &
celui de l'Ecolier, aucune ressemblan-
ce. Il est encore établi, que l'état dans
lequel nous vivons décide le plus souvent de notre Ecriture bonne ou mauvaise. Nous la perfectionnons, ou nous
la négligeons, selon le besoin que nous
en avons : & tel, qui écrivoit parfaitement bien, dans sa jeunesse, & en entrant
dans le monde, la néglige quelquefois
tellement après, que la seconde Ecriture ne tient rien de la prémiere, sans
qu'on puisse conclure, que négligent
                                    sur

fur cet Article, il le foit fur d'autres. Enfin, l'Ecriture étant une chofe d'Art, & une Mécanique dont il faut qu'on nous donne l'habitude par une efpece de violence qu'on fait à nos doigts : (car nous ne fommes pas faits naturellement pour écrire, comme pour marcher, parler, & faire les autres fonctions effencielles à notre corps, pour lefquelles l'organifation eft tellement établie, que nous les faifons fans effort ;) on doit conclure ; que la Nature n'a apporté pour l'Ecriture qu'une difpofition très éloignée, & conféquemment que l'Ecriture tenant plus de l'Art que de la Nature, il doit arriver que la Nature ne fe découvre qu'imparfaitement par l'Ecriture. Aïant une infinité de voies ordinaires, & établies par elle-même, pour fe laiffer connoître, il n'eft pas vraifemblable, qu'elle fe décele par un moyen qu'elle n'a pas imaginé, qui n'eft pas de fon reffort, & qui ne tient à elle en quelque façon que par alliance. Cependant, comme dans les chofes de l'Art même on ne réüffit jamais bien, fi l'on n'eft aidé de la Nature, & fi l'on travaille, comme

par-

parloient les Anciens, malgré Miner-
ve, les opérations que l'Art produit,
ainſi ſecouru par la Nature, doivent ſe
reſſentir du ſecours même que la Nature à fourni pour les produire. Ce
ſecours, qui fait en nous une impreſſion
très déclicate, inconnue à preſque
tout le monde, & ſouvent étouffée par
les défauts de l'Ouvrier, eſt le ſeul endroit, la ſeule marque, par la quelle on
peut juger du Caractere de celui qui
travaille. Or, une marque ſi foible
peut-elle nous conduire à une connoiſſance parfaite du caractere de l'Ouvrier? Si cette marque ſuffiſoit pour
l'Ecriture, il ſuffiroit de voir l'ouvrage
d'un Sculpteur ou d'un Peintre, pour
juger parfaitement de ſon Caractere;
ce qui n'eſt point. Diſons donc que, par
l'Ecriture, comme par la Peinture & la
Sculpture, on peut prendre des idées
générales de ceux dont on voit les ouvrages, de la vivacité ou de la len-
teur de leur eſprit, de la délicateſſe
ou de la rudeſſe de leur Art, des diſpoſitions ou des oppoſitions que la
Nature avoit miſes en eux pour ces différens Arts; mais, n'établiſſons point
un

un jugement particulier & détaillé, qui n'auroit pour fondement que le caprice, qui ne réüſſiroit que par hazard, & qui nous meneroit à un Fanatiſme d'autant plus à craindre, que des jugemens haſardez ſans conſéquence, & peut-être heureux, on pouroit paſſer à d'autres qui n'auroient pas plus de fondement, & dont les conſéquences ſeroient plus dangereuſes.

J'AI vu en ma vie tant de gens quitter ſi bien leur Ecriture naturelle, & en prendre une autre qui n'y reſſembloit point du tout, qu'on auroit pû croire peindre deux perſonnes différentes, ſi l'on avoit jugé du Caractere par l'Ecriture. La ſoupleſſe des doigts ſuffit, pour faire toutes ces imitations-là; & l'on ne pourroit tout au plus en conclure qu'une grande facilité à copier les bonnes & les mauvaiſes façons des autres.

ON objectera peut-être, à ce que je dis, ce que j'ai entendu ſoutenir à beaucoup de gens qui raiſonnoient ſans Principes, qu'il y a dans la formation des Lettres quelque choſe de ſi particulier à chacun, que c'eſt dans cette

for-

formation, qui ne peut s'imiter, que ré-
fide la Physionomie de l'Ecriture :
comme fi la feule précipitation ne
changeoit pas cette formation, & qu'elle ne dependît pas en général de la
prémiere habitude qu'on a prife en ap-
prenant à écrire. D'ailleurs, qu'on nous
fixe cette formation, qu'on nous dife
en quoi elle confifte, ce qu'elle eft.
Il n'y a de Principes pour en juger,
que ceux que nous avons indiqués.

Quant à la Reffemblance de l'Ecriture des Enfans avec celle de leurs Peres, elle n'eft pas toujours : &, quand elle
feroit, on n'en pouroit rien conclure
que de contraire au Syfteme de la Phyfionomie de l'Ecriture ; puifque, avec
cette Reffemblance d'Ecriture, il n'y a
pour l'ordinaire rien de moins ref-
femblant par le Caractere, que les Peres & les Enfans. Mais, dira t-on, les
Enfans reffemblent à leurs Parens au
moins de Figure, pourquoi ne leur ref-
femblent-ils pas de Caractere ? Ré-
pondez, vous qui jugez du Caractere
par la Figure : c'eft un Probleme, que
je ne réfoudrai pas aujourd'hui : il fuf-
fira de dire, que les Figures peuvent fe
ref-

reſſembler, ſans que les Phyſionomies
ſe reſſemblent ; qu'il y une grande différence entre les unes & les autres ; &
que ce n'eſt que ſur les Phyſionomies,
& nullement ſur les Figures, que nous
jugeons des Caractères. En voilà, je
crois, plus qu'il n'en faut, pour ſçavoir
à quoi s'en tenir ſur l'Ecriture, qui, n'é-
tant que mécanique, & tenant infiniment plus de l'Art que de la Nature, ne
peut donner que de foibles lueurs ſur
la connoiſſance des Caractères propres
de la Nature.

LA Maniere, dont je fronde le Syſteme de la Phyſionomie de l'Ecriture,
doit vous faire bien augurer de mon
Syſteme général des Phyſionomies. Je
tomberois en Contradiction avec moi-
même, ſi, après avoir rejetté tout ce
qui n'eſt pas fondé ſur des Principes
inconteſtables, j'allois admettre des
Saillies d'Imagination pour Regle de
ma Conduite. Vous en jugerez. Je
ſuis, &c.

LET.

LETTRE NEUVIEME.

VOUS me dites toujours, que je me ferai plus de Contradicteurs que je ne pense : & moi je vous dis, que j'aurai plus d'Approbateurs que vous ne croïez. Il n'y a personne, qui ne soit bien aise de voir les autres penser comme lui. Or, il y a une foule de gens, qui croïent se connoître en Physionomies, & qui s'imaginent entendre tout ce que je dis, quoiqu'ils n'en sachent rien. Le suffrage de ces gens-là ne me touche gueres. Ils me défendront pourtant contre ceux du Parti opposé, qui ne valent pas mieux qu'eux, & qui condamnent avec la même ignorance, que les autres approuvent. Ce qui me touchera beaucoup, & ce qui me détermineroit à faire un Système en forme sur les Physionomies, c'est la multitude de ceux qui se connoissent en effet en Physionomies, qui en jugent même avec justesse sans le sçavoir, & qui seront enchantez de découvrir qu'ils ont raison.

Nous

Nous nous flattons de l'avoir, même quand nous ne l'avons pas: cela s'appelle donner de l'esprit aux autres, la plus grande Science du Monde, & qui n'est pas attachée à tous ceux qui ont de l'esprit pour eux. Au reste, je n'obligerai pas à la reconnoiʃʃance tous ceux qui m'en devront. Je serai satisfait d'avoir flatté leur amour - propre, & récompensé de mon travail par l'uʃage qu'on en fera. Il ʃe préʃenta hier une Dame chez moi, qui vouloit ʃçavoir ce que je penʃois d'elle. Il y avoit long-tems, que je ʃçavois à quoi m'en tenir. Je me fis beaucoup prier pour ne lui rien dire. Elle me donna des louänges exceʃʃives: elle ne s'épargna pas plus que moi, elle ʃe vanta ʃans adreʃʃe de toutes ʃortes de bonnes qualitez; & elle me quitta, ʃinon contente de mes Réponʃes, très dédommagée au moins de mon ʃilence, par la liberté qu'elle avoit eue, à ce qu'elle croïoit, de faire paroître beaucoup d'eʃprit. Il y a des gens bien ʃots; il y en a auʃʃi de bien aimables: on perd trop à ne vouloir que des gens parfaits; le nombre en eʃt ʃi petit, qu'on s'ens'ennuieroit de s'y tenir. Vous n'avez pas été content du Chevalier de.....; j'en suis fâché : n'auriés-vous point jugé de lui par l'humeur du jour ? C'est le moyen de le mal connoître. Il n'a point de Politique, il est infiniment naturel, le tems qui court le fait presque toujours ce qu'il est : c'est un Caractere esclave des impressions de l'air ; il n'est pas le maître de s'y soustraire. Il m'a avoué, que le Languedoc étoit le païs du monde où il avoit été le mieux : il connoit les changemens de l'air à son esprit, comme les gens délicats à leur poitrine ; & si l'on l'en croit, il prédit le vent, la pluie, ou le beau tems, plus surement que le Barometre le plus éxact. C'est le plus vaste champ des Physionomies que j'aie vû. Il rassemble en lui seul mille Caracteres différens, dans lesquels il n'y en a pas un de mauvais : s'il a fait des fautes, entraîné par un penchant contraire à ce qu'on appelle intérêt, ses fautes n'ont nui à personne ; elles n'ont été faites que pour lui. Il faisoit un vilain tems le jour que vous l'avez vû, puisqu'il ne vous a pas plû.

Si

Si vous le revoïez, gardez-le auprès de vous jusqu'à ce qu'il faſſe beau : vous joüirez du plaiſir d'un changement, qui vous paroit inconcevable, & qu'il faut vous faire croire.

Quoique la ſtructure de tous les Corps ſoit à peu-près la même en général, il y a entre eux des différences infinies ; & ces différences, qui ne ſont que particulieres par rapport au tout, ſont quelque-fois telles qu'elles l'emportent ſur le principal même, & ſur le tout. Nous avons tous des pores. Ce ſont des eſpeces d'ouvertures imperceptibles, par leſquelles il ſort & entre continuellement quelque-choſe : en général, par les pores il ſort plus de nos corps, qu'il n'y entre. Ces pores ne ſe reſſemblent pas dans tous les corps : il y a des corps, qui n'en ont point, ou preſque point ; & il y en a, qui en ont beaucoup, & de fort ouverts. Ne peut-il pas ſe faire, que les Pores du Chevalier ſoient tels que l'air entre par eux dans ſon Corps avec plus de facilité que dans d'autres ; qu'y entrant avec plus de facilité, il y porte plus facilement auſſi le ſec, l'humide, & les au-

autres qualitez qui lui font propres; que ces diverfes qualitez, y é-
tant portées plus facilement, agiffent
auffi fur fon corps avec plus d'empire, & fe communiquent à fes nerfs &
à fes mufcles d'une maniere plus intime, fur-tout fi ces nerfs & ces mufcles ont en eux une difpofition particuliere à recevoir cette communication? Au fonds, ce font ces nerfs, &
ces mufcles, qui font mouvoir le corps,
qui executent les opérations fpirituel-
les au dehors, comme ils font les opérations corporelles. Si ces agens fe
trouvent embaraffés, leur opération
doit l'être; s'ils font libres, elle doit
fe reffentir de leur liberté: mais, fi le
fang, qui entretient ces agens, qui leur
donne le mouvement qu'ils doivent
avoir, eft lui-même le prémier fujet
aux impreffions de l'air, foit qu'il les
reçoive immédiatement du dehors, foit
qu'il le tienne des alimens qui en
font pleins, qu'aurez-vous à répondre
pour vous empécher de convenir, qu'il
peut y avoir beaucoup de reffemblance
entre la difpofition journaliere de quelqu'un, & l'air qui regne? Un moment
de

de réfléxion, & vous en ferez convaincu. Les Poulmons reçoivent encore
plus d'air que les Pores, parcequ'ils ne
font nourris que par lui, & que leur
vie confiste à recevoir l'air, & à le
rendre sans interruption. Dites de
l'impression de l'air fur les poulmons
ce que j'ay dit de cette même impreffion fur les pores; & vous verrez, que
le fang, avec qui les poulmons communiquent continuellement & néceffairement, doit fe reffentir de ce que
les poulmons éprouvent eux - mêmes:
& fi une fois le fang par les poulmons, les nerfs & les muscles par
les pores, ou par la circulation du fang
qui les abreuve, reçoivent les qualitez
de l'air dans leur entier, pourquoi ne
voudrez - vous pas que celui, chez qui
cette réception fe fait plus parfaitement que chez les autres, dépendant
absolument, quant à fes opérations
extérieures, du fang & des nerfs de fon
corps, en produife, qui portent avec
elles le caractere d'air qui domine?
Cette facilité étant toujours la même,
le caractere extérieur de l'homme doit
changer aussi souvent que l'air chan-

D

ge.

ge. Vous voudriés peut-être, qu'on vous expliquât les diverses qualitez de l'air qui sont infinies, les positions & les figures des nerfs, des pores, des parties du sang, & du poulmon, qui varient dans tous les hommes, & sur les-quelles il nous reste encore tant de découvertes à faire; & qu'on fît voir l'Analogie de toutes ces choses. Ne vous y attendez pas. Il suffit d'en voir les effets: & sur ce qui est si peu à la portée de nos sens, il faut se contenter de la vraisemblance. Je suis &c.

L E T-

✴✴✴✴✴✴✴✴✴✴✴✴✴✴:✴✴✴✴✴✴✴✴✴✴✴✴✴

LETTRE DIXIEME.

MA derniere Lettre vous à fait, dites-vous, beaucoup de plaiſir: je vous en félicite. Trouver du plaiſir eſt un bien, que je cherche, & que je n'ay pas toujours. On connoitroit mal le plaiſir, ſi l'on ne donnoit pas, à celui de l'eſprit, la préférence ſur tous les autres. J'adopte le mélange des plaiſirs, & je le fonde ſur notre propre compoſition, qui eſt elle-même un mélange ſi ſingulier. Joignons y encore la variété. Un bonheur uniforme ceſſe d'être un bonheur. Juſqu'où n'aimons-nous pas la variété? Cette Lettre ne reſſemblera pas à l'autre, quoiquelle aille au même but: je ſouhaite qu'elle vous plaiſe au moins par-là. Sçavez-vous pourquoi il y a des gens bêtes, qui ont beaucoup d'eſprit en révant? C'eſt une Queſtion, dont la Réponſe pourroit aller bien loin, & que je vais vous abréger.

IL n'eſt preſque plus douteux, que

nous

nous différons davantage les uns des autres par l'organisation, & le mélange des humeurs, que par l'ame même, dont la nature incompréhensible ne nous a jamais permis d'avoir une connoissance bien nette de ce qu'elle est. C'est donc l'organisation plus ou moins parfaite, le mélange des humeurs plus ou moins convenable, qui fait les hommes spirituels ou bêtes. On croit faussement, que cette Réfléxion humilie les hommes. De quelque endroit que les gens d'esprit tirent leur superiorité sur les autres, ils n'ont pas raison de s'en orgueillir : il dépend aussi peu d'eux de choisir une organisation parfaite, & un mélange heureux d'humeurs, que de se pourvoir d'une ame plus spirituelle. Si l'organisation, & les humeurs, produisent notre ame au dehors comme il leur plait ; si l'on ne juge de notre esprit que par les productions extérieures, qui ne peuvent pas être autrement que l'organisation & les humeurs les rendent ; tandis que cette organisation & les humeurs conserveront le prémier arrangement qu'elles ont eû, nous

nous paroitrons auffi bêtes qu'elles
l'ont voulu. Il eft à remarquer, que ce
prémier arrangement fe fortifie le
plus fouvent, au lieu de fe détruire ;
&, qu'à quelque petite chofe près, il eft
à cent ans ce qu'il étoit à quinze. Les
enfans, nez avec de jambes tortues,
ne les redreffent pas par l'age, comment, s'ils font nez bêtes, pourroient-
ils acquérir de l'efprit ? Tout le monde n'eft pas capable de juger de ce
qu'on appelle un enfant bête : tel enfant en a l'air, qui ne l'eft pas en effet.
Pour parler correctement, il ne faudroit pas dire : Cet enfant, que j'ai vû
bête à dix ans, a aujourd'hui beaucoup d'efprit ; mais, Cet enfant, que
je croyois fans efprit, me fait voir
que je me fuis trompé.   Il eft fort
différent d'avoir des organes encore
embaraffés, ou des humeurs fans le
mélange qu'elles pourront acquerir,
ou d'avoir des organes tous tendus à
ce qu'on appelle bêtife, & des humeurs
dont le mélange tel qu'il eft ne peut
produire que de la bêtife. L'un eft un
effet accidentel, & qui doit finir ; &
l'autre eft un ouvrage de la Nature,

qui

qui ne change pas, quoique fa varieté
foit infinie, & qu'elle tire des mêmes
chofes différemment, mais imper-
ceptiblement combinées, des extré-
mitez oppofées. Comment arrive-t-il
donc, que celui, qui eſt bête bien é-
veillé, peut avoir de l'efprit en révant,
comme celui, qui eſt fot & ridicule
de fang froid, peut devenir un homme
charmant quand il eſt yvre? Ces deux
Exemples fe reffemblent trop, pour
ne les pas réünir: ils n'ont d'oppofition, que dans la maniere. L'explication de ces deux Enigmes doit fuivre
des Principes que j'ay avancés. Ces
deux hommes bêtes dans le cours ordinaire du mouvement qui fe fait en
eux, qui le feront toujours quand ce
cours continuera, peuvent paroître
d'autres hommes dans un mouvement
violent & extraordinaire qui leur arrive. L'imagination joue dans le fommeil, & profite en quelque façon de
l'affoupiffement des plus forts organes, pour s'amufer. Leur ceffation à
plufieurs égards lui donne la liberté
d'agir, que leur mouvement ne lui
permettoit pas. Repréfentez - vous
quel-

quelqu'un gardé à vue par plufieurs
fentinelles, que le fommeil eft venu à
bout de gagner : il paffe & repaffe
fans oppofition, & paroit en vingt
endroits tout de fuite, où, avant cet
heureux fommeil, il n'avoit ofé ni
pû fe montrer. Voilà l'ame d'un homme bête endormi : fes organes font fes
gardes, qui, une fois affoupis, ne refif-
tent plus aux allées & venues de fon
efprit, qui libre agit comme il lui
plait. Si le hazard, qui le porte çà &
là, le fait trouver en plufieurs endroits
différents qui aient une liaifon entre
eux, il fera une production admirable,
qui, racontée après le fommeil, ne fera peut-être pas apperçue de celui
même qui la raconte. Le vin peut
produire dans l'homme bête la même merveille, par un Principe différent, fans que l'effet le foit : le repos
a fait l'homme rêvant fpirituel ; l'action fera l'homme yvre fpirituel auffi.
Le vin, pris immodérément, fecoue les
organes & les humeurs, par la fer-
mentation qu'il y produit. Cette fe-
couffe précipite le cours lent & ordinaire des humeurs, comme elle ex-

cite

cite le jeu des organes dans ce mouvement extraordinaire. L'organe qui
résiſtoit plie, celui qui plioit réſiſte.
Une humeur, qui dominoit les autres,
n'a plus le même empire : la plus
foible veut avoir ſon tour, & tyranni-
ſer celle dont elle étoit eſclave ; &
par l'oppoſition qui ſe trouve dans la
machine, entre le mouvement ordinaire & ce mouvement violent & forcé, il
n'eſt pas merveilleux que les prémiers
agens de l'ame, ſe trouvant différens,
les productions qui en réſultent ſoient
auſſi differentes, & que celui, qui étoit
bête avant que d'avoir bû, paroiſſe a-
voir de l'eſprit par le ſecours du vin
qui a changé pour quelques momens
la dipoſition ordinaire du corps. Je
ne prétens pas, par ce raiſonnement,
que tout homme bête aura de l'eſprit, quand il boira, ou quand il réve-
ra. La qualité du vin, ſa qualité, la
diſpoſition préſente du corps de celui qui boit, comme le hazard pour celui qui reve, hazard dépendant en
partie des diſpoſitions journalieres
du corps, rendent incertaine la ſpiritualité de l'yvrogne ou du réveur.

Je

Je ne veux que vous mettre à portée de vous expliquer à vous-même une efpece de phénomene, qui arrive toutes les fois qu'un homme, qu'on connoit bête, fe trouve avoir de l'efprit, dans le vin, ou en révant. Ce que je dis de l'yvreffe, ou du reve, peut fe dire auffi d'une infinité d'occafions où l'émotion du corps eft telle, qu'on eft étonné de voir ceux, chez qui elle fe fait, paroître fi différents d'eux-mêmes, qu'on ne les reconnoit plus. C'eft peut-être en recourant au même Principe, qu'on expliqueroit la merveille opérée en cet enfant muët, qui nomma fon pere, pour le fauver de la mort à la quelle il étoit expofé. S'il étoit en votre difpofition de ne point réver comme il y eft de ne pas vous enyvrer, je vous confeille-rois de vous garentir de l'un & de l'autre, de peur que révant, ou yvre, vous ne devinffiez bête, par la même raifon que ceux qui font bêtes deviennent gens d'efprit. Adieu. Mandez-moi ce que vous aurez penfé de mes folies.

LETTRE ONZIEME.

JE fuis perdu, fi vous ne venez à mon fecours. Le Sujet de ma der-niere Lettre demandoit une exactitu-de, qui ne m'a pas permis de vous l'en-voïer comme je l'avois écrite d'a-bord : il en eft refté un brouillon fur mon bureau, qui eft tombé fous les yeux d'un Critique, qui ne me pardon-ne pas d'avoir parlé de l'ame comme j'ai fait. Il la refpecte bien moins que moi, lui qui la définit, qui en parle, com-me s'il l'avoit vûe ; & qui bâtit fur fa nature, & fur fon exiftence, un Syfte-me, qui eft le plus infenfé Roman que je connoiffe. Il veut vous en écrire, & m'attirer de votre part une con-damnation, qui me feroit trembler, fi votre juftefle d'efprit ne me raffûroit. J'avoue, que je fuis très ignorant fur l'ame ; & de-là vient, que j'en parle a-vec refpect, comme on en doit ufer de toutes les chofes qu'on ne connoit qu'im-

qu'imparfaitement. Je ne connois pas
la matiere, qui eſt ſans ceſſe à ma portée, & qui ſe préſente à moi ſous cent
formes différentes: je ne ſçais que
groſſiérement les Principes dont elle
eſt compoſée, & j'ai tous les ſujets du
monde de craindre de me tromper,
en diſant qu'elle eſt compoſée de quatre élémens, ou de trois ſeulement,
qui ſont matiére eux-mêmes chacun
dans leur particulier, & dont il faudroit chercher les prémiers Principes, ſi l'on pouvoit eſpérer de les
trouver, ce qui nous meneroit à l'infini, que nous n'entendons pas. Je
ne ſçais ce que c'eſt que le mouvement qui l'agite, le vuide qui eſt là où
elle n'eſt pas, le lieu où elle ſe trouve & qui ne ſe déſigne que par elle.
Dans une Ignorance auſſi craſſe que
la mienne, & qui ne differe de celle
des autres, que par la hardieſſe avec la
quelle je l'avoue, comment connoi-
trois-je l'ame, que je n'ai jamais aper-
çue; qui eſt d'une nature ſi particuliere, que nos ſens, qui ſont les ſeuls
moïens de perception que nous aïons,
ne peuvent en aprocher; dont je ne

D 6 puis

puis me tracer la plus légere reſſemblance, par aucun des objets qui m'environnent ; dont je ne ſçais, ni l'eſſen-
ce, ni la maniere d'agir ? En vérité,
c'eſt chercher querelle aux gens, que
de leur en vouloir, pour n'avoir pas
oſé parler de ce qu'ils ne connoiſſent
pas : tout en iroit mieux , ſi l'on ne
diſoit que ce qu'on ſçait. Je crois
qu'il n'y a qu'une façon de parler de
l'ame, qui eſt de parler de ſes opérations entant qu'elles dépendent du
corps. On ne peut la connoître que
par elles, puiſque ce n'eſt que par
elles qu'elle ſe rend ſenſible. Suppo-
ſons la, comme on veut que nous la
croïons ; & ne raiſonnons d'elle, que
d'après ce qu'elle a produit au dehors. Diſons, Un tel a de l'eſprit, parce que ſes productions en font voir ;
Un tel n'en a point, parce qu'il n'en
laiſſe point paroître. N'allez pas,
au reſte, vous affliger ſur le ſort de
certaines ames , qui, égales en perfection à celles des hommes les
plus accomplis, ſont enfermées dans
des corps qui ne leur font faire, du
matin au ſoir, que des ſotiſes, & des
ex-

extravagances. Peut-être en ſçaurons-
nous un jour la Cauſe : en attendant,
bornons-nous à ce qui eſt ſenſible
pour nous conformer à notre foible
portée, & aſſignons les bonnes & les
mauvaiſes qualitez des hommes ſur
les indices que la Nature nous en donne au dehors ; ce qui s'appelle raiſonner ſur les caractères des hommes,
& en juger par leurs Phyſionomies.
Il arrivera, par ce ſage moïen, que
ceux, qui ont eu la préſomption de
vouloir connoître l'ame par elle-même, n'en ſçauront rien, pour s'être
guindez trop haut ; & que ceux, qui
plus timides ſe ſont bornez à voir
ſes effets, examiner ſes opérations,
je dirois preſque matérielles, en auront porté un jugement beaucoup
plus aſſuré. Qu'on blâme donc ceux,
qui font les eſprits ſublimes, & qui
veulent raiſonner de l'ame comme
s'ils l'avoient vûe à découvert : &
qu'on ne s'épouvante pas de ceux,
qui, la regardant à travers un voile
ſur lequel elle ſe peint, à la vérité
imparfaitement, nous rendent, par l'é-
tude qu'ils ont faite de cette peintu-

re,

re, l'image la plus reſſemblante de l'ame qu'on puiſſe donner ; & qui, par la timidité avec laquelle ils en parlent, aſſurent bien mieux ſa ſpiritualité, que ceux qui en raiſonnent à tors & à travers, ſans connoiſſance de cauſe. Me voilà engagé à vous expliquer les vrais Principes de mon Art, ſi je puis appeller de ce nom un Inſtinct, un Talent naturel, que je n'ai fait qu'aider par des Réfléxions, qui m'ont plus amuſé qu'inquiété, qualitez rares aux Réfléxions. Ce n'eſt pas que je les haïſſe en général, comme le commun du monde les hait : je les aime, au contraire, beaucoup. Je ne veux pas qu'on ſoit obligé d'oublier la Raiſon, pour avoir du plaiſir: la Raiſon, & les Réfléxions qui ſont à ſa ſuite, ont plus ſervi juſqu'ici à diſſiper mes chagrins, qu'à me les conſerver ou à m'en donner. Je n'ay jamais eu de vrais plaiſirs, qu'elles n'y ſoient entrées pour quelque-choſe. Je n'en trouve aucuns, de quelque eſpece qu'ils ſoient, où elles n'entrent pas. Je pouſſe ma Chevallerie pour elles au point de ne pouvoir aimer les Chanſons qui les

mal-

maltraitent, qui les peignent triftes & ennemies de tout ce qui eft aimable. Je ne me crois pas pour cela plus Philofophe, & plus raifonnable, qu'un autre : je le fuis fouvent moins, fi l'on veut, puifque je m'amufe quelquefois d'objets fi puérils, que d'autres que moi en auroient honte. Tout ce que je veux en conclure, c'eft que j'aime ma Raifon ; qu'elle m'a fervi à mon avantage ; que mon caractere particulier, dans lequel elle entre pour beaucoup, l'a tournée fans doute plutôt à ma fatisfaction, qu'à ma peine ; & que je n'ay rien dans la vie qui m'ait donné plus de plaifir, & moins de chagrin, qu'elle.   Je fuis &c.

L E T-

LETTRE DOUZIEME.

QUOIQU'ON dise de ma maniere de juger de l'ame par les opérations extérieures, on eſt obligé d'y revenir à tous les inſtans, & de regarder comme des Syſtemes hazardez tous ceux qui ne ſe propoſent pas ces opérations pour objet. Comment expliquer les changemens qui arrivent dans la même perſonne, & qui la rendent ſi différente d'elle-même ? Comment rendre compte des impreſſions que fait ſur notre ame la plus petite altération, ſoit dans le mouvement des organes, ſoit dans le cours du ſang & des humeurs ? Comment définir les averſions & les inclinations, que la prémiere vûe inſpire, & qui ne font qu'augmenter ? C'eſt à ces trois Variations principales, que peuvent ſe rapporter toutes celles que nous éprouvons, & dont l'explication nous embaraſſe ſi fort. On a beau donner à l'ame des paſſions. Cet at-
tribut

tribut ne suffit pas pour résoudre toutes les difficultez qui se présentent: &
comprent-on ce qu'on veut dire par
le mot de *passions*, quand on n'a pas
recours au corps ? Il n'y a point
d'homme, qui ne soit faché d'être tantôt de bonne humeur, & tantôt triste. Si
l'on avoit à choisir, on riroit toujours.
Il n'y a personne qui aime ces jours où
l'on ne peut rien tirer de son esprit,
où l'on sçait à peine parler. Qui ne
voudroit pas pouvoir conserver sa Raison, & sa fermeté d'ame, dans les maladies ? On se repent tous les jours
d'avoir eu du goût pour des gens
haïssables, & de n'avoir pas assez-tôt
aimé ceux qui le méritoient. Il faut
recourir au corps, pour expliquer
ces opérations, toutes sprituelles qu'elles sont. C'est le mouvement embaras-
sé des organes, c'est l'interception
des esprits animaux, qui fait les jours
pesans où l'on est si ennuié d'être ce
qu'on est. C'est le plus petit déran-
gement dans les fibres, qui rend fou
l'homme le plus sage. C'est une conformité d'humeurs ou d'organes, ou
l'une & l'autre, qui font les sympathies

thies qui nous étonnent, comme c'eſt leur contrariété qui fait les antipa-thies & les averſions.

IL eſt plus facile, à la vérité, d'éta-blir ces Principes, que de les expli-quer. C'eſt avoir diminué d'autant l'obſcurité du ſujet, que d'avoir décou-vert des Raiſons d'établir un Principe plutôt que l'autre, quoiqu'on ne puiſ-ſe pas rendre compte du Principe même. C'eſt une lueur au moins: & avons-nous autre choſe que des Lueurs dans les choſes naturelles? On pouroit encore douter de l'inéga-lité des ames; &, ſans être en état de prouver ſon incertitude, on diroit: Il peut être auſſi vrai, que c'eſt la di-verſité des ames qui produit tant de diverſité dans les caractères des hom-mes, qu'il eſt vrai que c'eſt la diver-ſité des humeurs, & des organes. Que nous importe, après tout, quel-qu'en ſoit le Principe, ſi nous ne pou-vons pas le connoître? Nous vivons dans cette incertitude depuis ſi long-tems, que nous y vivrons bien encore. En vaudrions-nous mieux, ſi nous ſça-vions à quoi nous en tenir? Pourquoi ſe

tour-

tourmenter inutilement ? Pourquoi
fe donner la peine de fe déterminer, à
force de Réfléxions, pour un Parti
plutôt que pour l'autre ? La pareffe
nous dit de n'en point prendre : nous
fommes de fon avis.

Si je n'avois à combattre que des
répugnances, je ne fçais fi j'en pren-
drois la peine : elles varient tant, qu'on
peut efpérer de les voir fe détruire
les unes les autres, fans que la Raifon
s'en mêle. Il fe trouvera des hommes, qui prendront la peine de raifonner contre moi : c'eft à ceux-là,
que je prendrai avec plaifir celle de
répondre.

Dans une pareille Incertitude, dira
quelqu'un, j'aimerois mieux me fonder fur la diverfité des ames, que fur
celle des organes & des humeurs.
Les effets, qui paroiffent, étant tout
fpirituels, il eft plus naturel d'en
trouver la caufe dans l'ame qui eft
fpirituelle, que dans les organes & les
humeurs qui font materielles. Quelle injure faifons-nous à la Nature, en
croïant autant de différence entre les
ames, qu'il y en a entre les vifages ?

C'eft

C'eſt une augmentation de merveilles, qui n'en prouve que mieux la puiſ-ſance infinie de l'Auteur. Dans ce Syſteme, chacun en demeure mieux en poſſeſſion de ce qu'il a. Un homme d'eſprit ne differe pas d'un ſot ſeule-ment par les organes qu'il mépriſe : ſa différence vient d'un Principe plus noble. Plus le Principe eſt noble, plus la gloire dont il jouït eſt grande : c'eſt ſon ame, qui lui donne ſa ſupé-riorité, & cette ſuperiorité-là eſt plus flateuſe que l'autre. D'ailleurs, com-ment s'imaginer, qu'il n'y a entre un homme d'eſprit, & une bête, qu'une différence auſſi légere que celle des organes ou des humeurs ? Nous com-prenons comment des roues mieux travaillées, & mieux arrangées, ren-dent une Montre plus parfaite qu'une autre : nous connoiſſons aſſez le Prin-cipe, pour en voir l'effet ſans ſurpri-ſe. Cette ſupériorité de perfection, que donne l'arrangement & le tra-vail, n'eſt pas miſtérieuſe : tout eſt matiere, les effets de la bonne mon-tre n'ont rien d'une nature différente de ceux de la mauvaiſe. L'homme d'eſd'esprit, au contraire, produit des effets d'une autre nature que l'homme bête ; & ce Principe, s'il n'étoit pas son esprit, seroit la matiere. Or, l'homme bête a le même Principe, & par conséquent il devroit produire les mêmes effets. S'il ne les produit pas, c'est donc la différence des esprits qui en est la cause. Il n'y a, dans ce Raisonnement, que cette vraisemblance, qui saisit les gens qui n'ont pas réfléchi, & qui croïent que les choses sont ce qu'ils pensent qu'elles devroient être. Une des plus mauvaises manieres de raisonner est de dire, Cela est, parce que cela devroit être; & la meilleure est d'examiner la chose en elle-même, sans supposition. Nous admettons beaucoup d'effets, dont nous ne sçavons pas les causes, & qu'il seroit dangereux de deviner par l'application de cette Regle, Cela doit être, donc cela est. Pour en venir au Raisonnement lui-même, s'il arrivoit que les hommes ne changeassent jamais, & qu'ils fussent toujours ce qu'ils ont été une fois, qu'ils différassent de goût & d'inclination entre eux,

eux, qu'ils ne se démentiſſent pas eux-
mêmes, il n'y auroit preſque pas à
douter de l'inégalité de leurs ames, &
l'on ne pourroit ſe deffendre de rejetter ſur la diverſité des ames la diverſité de leurs caractères. Mais,
quand je vois le même homme changer du matin au ſoir, éprouver tour
à tour mille impreſſions diverſes, &
le plus ſage ne pouvoir ſe promettre
de ne pas reſſembler au plus fou:
quand je vois croître & décroître a-
vec le corps les productions extérieures de l'ame, & la vieilleſſe reſſembler par la décadence de la machine à l'enfance, par l'imperfection
de cette même machine : quand je
vois, que la plus grande différence qui
puiſſe ſe trouver entre les hommes,
celle qui eſt entre un ſage & un fou,
difference qu'il m'eſt impoſſible d'attribuer à autre choſe qu'aux organes :
je ſuis comme forcé à dire, ſans m'entendre bien moi-même, que la diverſité des caractères ne peut avoir pour
Principe, que la diverſité de l'organiſation, & que tout ce qu'il y a de
bon ou de mauvais dans l'homme au-
de-

dehors dépend de la matiere différemment pétrie & combinée ; matiere
infiniment fufceptible d'altération &
d'amélioration, & dont les changemens continuels, petits & grands, me
donnent l'explication de tous les
changemens que je vois arriver dans
les hommes en général & dans chacun d'eux en particulier. La multi-
tidude des effets, que nous produifons
involontairement, en eft une preuve
nouvelle; ils affûrent à certains égards
notre affujetiffement à la matiere
dont nous fommes compofez: & comme cette matiere eft de la même nature que celle qui nous environne, il
eft naturel qu'elle reçoive des impreffions du dehors; que ces impreffions
l'agitent, & nous faffent produire des
chofes qui nous déplaifent, & que
nous ne voudrions pas produire. Je
fuis &c.

L E T-

LETTRE TREIZIEME.

CEUX, qui ont vû mes trois dernieres Lettres, difent donc que
je m'écarte de mon Sujet. Il faut leur
faire voir, qu'ils fe trompent. Je devois établir, qu'on ne peut juger des
hommes que par la matiere dont ils
font compofez; que, ne pouvant les
connoître par leur ame, qui eft invi-
fible, & qui d'ailleurs, étant égale chez
tous les hommes, ne pouvoit me rendre raifon de la différence de leurs
caracteres, puifqu'ils fe reffemble-
roient tous fi l'on ne jugeoit d'eux
que par leur ame, il falloit avoir recours à leur corps qui varie fi fort,
& le donner pour le Principe des caracteres divers que nous leur voyons.
Pithagore veilloit avec un foin extrême au choix de fes difciples; il
n'en reçevoit aucun, qui n'eut des dehors qui lui répondiffent en quelque
forte de la beauté de l'ame: toutes
fortes de bois & de marbre, difoit-il, ne
font

font pas propres à faire un Apollon
ou un Mercure. Quelle différence
merveilleufe dans tous les états de la
vie, fi cette Regle étoit confultée, &
qu'on ne préparât à les remplir, que
ceux qu'on croit capables d'être pré-
parez avec fuccès à les remplir ! En
effet, dès qu'on fera convenu, que c'eft
le corps, différemment pétri & com-
biné, qui me guidera dans la découverte des caracteres, on conviendra
auffi, que, me conduifant par un Principe fi fenfible, & fi proportionné à
ma maniere de juger, il peut n'être
pas abfolument impoffible, que je puiffe juger des Phyfionomies. Ajoutons encore, que le corps a deux
états ; l'intérieur ou le dedans du
corps, & l'extérieur ou le dehors. Ces
deux états, qui ne font différents, que
par rapport à nous, qui voyons l'un,
& qui ne pouvons voir l'autre, ne font
qu'un tout, qui fe reffent des Principes généraux qui le compofent ; en-
forte que ce que nous ne voyons pas
communique fi fort avec ce que nous
voyons, que, par ce que nous voyons,
nous pouvons juger même de ce que

E   nous

nous ne voyons pas. Ainſi trouvons-
nous tous les jours des choſes curieuſes, & même merveilleuſes, pour les
gens qui n'en ont pas l'habitude, & à
la vûe deſquelles nous découvrons les
reſſorts cachés qui les produiſent, ſans
que nous voiyons ces reſſorts. Les
connoiſſances diverſes & multipliées,
qu'on a de l'intérieur du corps, & de
tout ce qui le compoſe, aident à juger
du dedans par le dehors. Ces connoiſſances, à la vérité, ſont ſouvent ſans
effet; &, à moins d'en avoir fait une
application à l'objet dont nous parlons,
elles ne peuvent ſervir qu'à étourdir
les ſots, par la facilité qu'elles donnent
à parler de ce que ceux qui écoutent
ne comprennent pas. Quand ces connoiſſances ont été pouſſées auſſi loin
qu'elles peuvent aller, elles forment les
excellens Médecins, dont le nombre
eſt rare: elles leur donnent ce qu'on
appelle le diſcernement des maladies,
qui eſt la partie la plus éminente de
la Médecine, & qui, parfaite dans Hipocrate, en fit un homme ſi ſupérieur,
qu'Eſculape n'a eu ſur lui que l'Ancien-
neté, qui en a fait faire un Dieu: Pré-
ro-

rogative, qu'Hiprocrate à peut-être mieux mérité que lui. Il jugeoit des maladies, à la feule infpection des malades : il en expliquoit les variations, les progrès, & la fin, fans interroger prefque ceux qui fe préfentoient à lui pour le confulter. Ce feroit être auffi crédule, que l'étoient nos Ancêtres, que d'admettre de la Magie dans la Science d'Hipocrate. S'il a connu ce qui fe paffoit de plus particulier dans le corps par ce qu'il en voyoit au dehors, & fi les grands Médecins jugent encore aujourd'hui de même, ce ne peut être que par la communication intime & continuelle, qui fe fait de ce qui eft dans le corps avec ce qui paroit au dehors. Plus les maux font grands & dangereux, plus il eft ordinairement facile d'en découvrir le Principe : l'altération étant plus grande, le dehors doit s'en reffentir davantage, les preuves extérieures doivent augmenter. Les Médecins, qui fe font perfectionez dans cette partie de la Médecine, ne font pas bien éloignés d'être bons Phyfionomiftes : il peut ne leur manquer, que l'habitude d'appliquer à l'efprit ce qu'ils bornent au corps tout feul. C'eft moins l'étude, que le talent naturel, qui donne aux Médecins ce difcernement admirable. L'étude néceffaire pour les perfectionner eft peu de chofe : il fuffit de connoitre le corps, & ce qui le compofe, autant qu'on peut le connoitre; le refte vient de lui-même. Ceux, qui n'y ont pas de difpofition, pourroient étudier toute leur vie, fans faire aucun progrès. Il y a encore cette différence entre le difcernement des maladies, & ce que j'appelle talent des Phyfionomies, que le difcernement des maladies fuppofe une étude du corps, & que le talent des Phyfionomies n'en fuppofe prefqu'aucune : il femble être émané des mains de la Nature. Plufieurs de ceux, qui le poffedent, ne feroient pas en état de rendre compte de leur maniere de juger, quoiqu'ils fentent bien qu'elle eft dans le vrai. Concluons donc. Sans cela, on diroit encore, que je m'écarte : on accufe quelque fois d'écart ceux qu'on ne peut pas fuivre, par pareffe, ou

au-

autrement. Concluons, dis-je, que
perfonne n'a de tempéramment dominant, qui ne fe décele facilement
par la couleur & la qualité de la
peau, & par la nature des yeux.
C'eſt une vérité, que la Phyſique ne
me conteſtera pas. De cette prémiere conclufion, il en réfulte une autre,
qui eſt celle-ci : le tempérament dominant décide du caractere de l'eſprit,
parceque l'eſprit étant le même chés
tous les hommes, il ne peut emprunter
les différences de caracteres que
nous lui voyons chés tous ces hommes, que du tempérament même,
qui varie à l'infini, & qui plie cet
eſprit aux goûts, & aux averſions,
qu'il a lui-même. Si l'eſprit dépend du caractere, que le caractere dépende du tempérament, &
que le tempérament fe difcerne par
l'examen de l'extérieur du corps,
me voilà déjà autorifé à dire, qu'on
peut connoitre le caractere dominant de l'eſprit de quelqu'un, en le
voyant : prémiere Baze, & prémier
Principe, du talent des Phyſionomies, qu'on a peut-être regardé d'a-

bord comme chimérique, & fur
l'énoncé du quel plusieurs auront crû,
que je pourrois mériter un jour
une Place aux Petites-Maisons.
Ayés pitité de moi, quand j'en fe-
rai-là, &c.

LET-

LETTRE QUATORZIEME.

L E Caractere de l'esprit dépendant du tempérament du corps, & le tempérament se discernant au dehors par la couleur, & la configuration de la matiere, il n'est plus si étrange, qu'on puisse juger du caractere intérieur de quelqu'un par l'examen de son extérieur. Il reste à sçavoir deux choses. La prémiere, comment on peut connoître le tempérament, par la couleur, & la configuration de la matiere. La seconde, comment on peut connoître le caractere, par la connoissance du tempérament. La prémiere de ces deux choses étant toute matérielle, & la seconde presque toute sprirituelle, il n'est pas douteux, que celle-là ne soit plus facile, que celle ci. Elles ont toutes deux leurs difficultez, qu'il faut résoudre. Commençons par celle, qui en a le moins, je veux dire, par la con-

noifnoiſſance du tempérament, tirée de la couleur, & de la configuration de la matiere.

IL y a, dans tous les corps, des prémiers élémens, ou prémiers Principes, dont la diverſe combinaiſon produit la diverſité des êtres matériels. L'expérience journaliere, que nous faiſons du bois en nous chauffant, & dont l'analiſe ſe fait en quelque façon d'elle-même ſous nos yeux, nous apprend, qu'on peut réduire tous les corps à leurs prémiers élémens; & que s'il y en a quelques-uns, dont nous n'avons pû encore faire la réduction, c'eſt moins l'impoſſibilité réelle de cette réduction qui en eſt cauſe, que l'ignorance où nous ſommes encore des moyens d'y parvenir: nous n'en concluons pas moins, que ces corps ſont compoſez des mêmes élémens, quoique nous ne les ayons pas encore trouvez; parceque nous ſommes aſſurez de la Regle invariable de la Nature, auſſi admirable dans ſa conſtance à employer toujours les mêmes Principes, qu'elle l'eſt à en varier les combinaiſons à l'infini.

POUR

POUR peu qu'on connoiffe ces prémiers élémens, qu'on ait étudié
leurs qualitez, il eft affez facile de juger lequel de ces élémens domine
fur les autres dans la compofition
d'un corps : le Naturalifte le plus mé-
diocre ne fe trompera gueres dans
l'affignation qu'il en fera. Les Chimif-
tes, qui, de Sectateurs qu'ils devroient
être de la Nature, en font quelquefois
les Corrupteurs, ont peine à déguifer
aux yeux de ceux qui s'y entendent,
leurs compofitions les plus embaraf-
fées : encore employent-ils fouvent
les couleurs & les odeurs artificielles,
pour mafquer la vraye nature des dro-
gues dont ils fe fervent. Ce qui eft
l'Ouvrage de la Nature eft toujours
plus facile à connoître, quelque ini-
mitable qu'il foit, que ce qui vient de
l'Art. Il n'eft pas extraordinaire, qu'é-
tant moins puiffants qu'elle, dans le
fonds nous cherchions à réparer dans
la forme ce défaut irréparable. On
ne feroit pas homme, fi l'on ne
tentoit pas l'impoffible.

ON connoit donc l'élément principal d'un corps, celui qui contribue

E 5 plus

plus que les autres à donner à ce corps telle ou telle qualité, à le voir, le fentir, où le toucher. Ce n'eft pas ici le lieu de fpécifier ces élémens, & les qualitez qui les caractérifent dans la production des corps. On fent bien, que la combinaifon de quelques prémiers Principes eft en quelque forte infinie, & qu'il vaut mieux ne pas entreprendre de la fuivre auffi loin quelle peut aller, que de la laiffer enfuite imparfaite. D'ailleurs, mon deffein ne m'y mene pas : &, quelque agréable que ce chemin fût pour quelques-uns, il feroit ennuyeux pour ceux qui ont impatience d'arriver à mon But, & pour moi, qui ne me fuis propofé de dire un mot fur ce qui les regarde, que pour en tirer la Comparaifon que voici.

Comme il y a, dans tous les corps matériels, des prémiers élémens, il y a de même dans tous les corps humains des humeurs fubordonnées à ces prémiers élémens, dont elles dérivent, & dont le mélange différent fait la diverfité des tempéramens.
On

On réduit affez communément ces
humeurs, qu'il feroit aifé de rapporter aux prémiers élémens de tous les
corps, à quatre fortes ; le fang, la pituïte, la bile, & là mélancolie. On
leur affigne auffi des couleurs, en di-
fant, que le rouge marque le fang,
le jaune la bile, le blanc la pituïte, &
le verdâtre ou noir la mélancolie. Eft-
il befoin de parler de la configuration ? Il n'eft prefque pas douteux en
général, que les grandes forces du
corps déclarent, qu'il y a beaucoup
de mélancolie, & de terreftre, dans
leur organifation ; que les corps délicats ont plus de fang, & d'air ; que
les femmes ont plus de pituïte, &
les hommes plus de bile. Il y auroit des Philofophes, qui ne crain-
droient pas d'avancer, que les femmes ne font femmes, que par un défaut de chaleur.

EN voilà affez pour cette Lettre.
Je dois répondre aux difficultez principales qu'on peut me faire fur ce que
je viens de dire, avant que de paffer
à mon fecond Objet, qui eft de fça-

E 6   voir

voir comment on peut conclure de la connoiſſance du tempérament celle du caractere. Pour vous, concluez, que je vous aime bien, & que je ſuis bien ſûr d'être aimé de vous, pour ne pas plus me laſſer de vous écrire, que vous de me lire.

***************:**********

LETTRE QUINZIEME.

J'ETOIS ſi occupé de ma derniere
Lettre, le jour que je vous l'écri-
vis, que je ne pus me diſpenſer de parler de ce qu'elle contenoit dans une
Compagnie de gens aimables avec qui
je ſoupai. Les Dames, qui y étoient,
trouvérent quelque-choſe de mépriſant pour elles à dire, qu'elles ne ſont
femmes, que par un défaut de chaleur.
Elles ne ſçavoient pas trop pourquoi
elles trouvoient cela mépriſant: il
n'en fallut pas moins les appaiſer.
J'employai d'abord tous les lieux-
communs de galanterie, pour adoucir
ce que cette propoſition pouvoit avoir
de trop dur: je leur dis, que c'étoit
à ce défaut de chaleur, (je leur di-
ſois vrai,) qu'elles devoient leur blan-
cheur, la douceur de leur peau, &
même celle de leurs mœurs; qu'elles
tiroient de ce tempérament moins
chaud l'exemption néceſſaire de ces
travaux, qui font l'occupation des
E 7   hom-

hommes; qu'on les regardoit comme
la portion la plus aimable de la Répu-
plique; qu'on ne travailloit que pour
elles; qu'on ne leur demandoit pour
récompenſe du ſoin qu'on prenoit de
leur fortune, de leur vie, & de leurs
plaiſirs, que d'être ce qu'elles ſont;
que les hommes les plus heureux n'a-
prochoient pas du bonheur d'une
femme aimable; qu'elles ne pouvoient pas en conſcience nous en-
vier un tempérament, qui nous aver-
tiſſoit de les ſervir, de leur plaire,
& de les aimer; qu'elles perdroient
au change, ſi l'on pouvoit changer;
qu'il s'en falloit bien que nous euſ-
ſions autant de diſpoſitions aux plaiſirs qu'elles; que nous avions des
chagrins, des inquiétudes, & des humeurs noires, qui faiſoient le tourment
de nôtre vie, & qui répandoient de
l'amertume ſur nos moments les plus
délicieux; que pour l'eſprit, elles n'i-
gnoroient pas, que leur tempérament
n'étoit en rien inférieur au nôtre;
que la feule différence que j'y trou-
vois, c'eſt qu'elles l'avoient plus fin
& plus délicat que nous, quand elles
vou-

vouloient en avoir; que leurs annales, fi elles prenoit la peine de les
confulter, étoient pleines des victoi-
res, que les femmes avoient rempor-
tées fur les hommes; & que nous aurions tort de nous enorgueillir de la
différence de notre tempérament,
puifque la fupériorité étoit de leur
côté. Il y en eut une, qui, fans
s'arréter à toutes ces Raifons, n'aban-
donna pas mon prémier Difcours, &
qui me demanda pourquoi il y avoit
donc des femmes fi vives, & des
hommes fi lents ? que mon Principe
n'étoit pas fi général, que je le
croyois; en un mot, qu'il y avoit des
femmes, qu'on prendroit pour des
hommes, & des hommes, qui ga-
gneroient à être pris pour des femmes. Je lui répondis, que tout ce
qu'elle difoit étoit vrai; qu'il y a-
voit des femmes deftinées en quelque forte à être des hommes, &
des hommes deftinez à être des
femmes; que ce qui avoit manqué
aux uns, & aux autres, pour achever leur deftination, étoit la chofe du
monde qu'on en foupçonnoit le
moins

moins ; que je la priois de faire attention, que comme on s'attend à trouver de la délicateffe chez les femmes,
& de la force chez les hommes, pour
peu qu'il en arrive autrement, on grof-
fiffoit les objets ; qu'il y avoit fouvent de la précipitation dans les jugemens qu'on en portoit ; qu'au refte, je lui allois expliquer, le mieux que
je pourrois, ce que je lui avois répondu d'abord, c'eft-à-dire, ce qui avoit
fait qu'une femme deftinée à être homme étoit reftée femme, & un homme deftiné à être femme ne l'étoit
pas devenu en effet. Je me fervirai
d'une Fable, lui dis-je ; car, comment
ofer vous expliquer la mécanique de
cet événement d'une autre maniere ?

Vous avez entendu parler de l'An-
drogyne de Platon. Il prétendoit, que
l'homme, & la femme, ne faifoient
enfemble qu'un feul tout ; que ce tout
avoit un mélange parfait des quatre
humeurs ; que le chaud & le fec,
le froid & l'humide, étoient diftri-
buez comme ils devoient l'être, &
tempérez les uns par les autres ; que,
pour faire l'homme, & la femme, on
par-

partagea ce tout en deux parties ;
qu'ordinairement ce partage laiſſoit le
chaud & le ſec d'un côté , le froid
& l'humide de l'autre; que la prémiere avoit conſtitué l'homme , &
la ſeconde la femme. Vous compre-
nez, ajoutai-je, que ce partage à pû-
ne pas être toujours ſi régulier;& qu'a-
lors, il y a eu d'un côté quelque-choſe qui devoit être de l'autre : on peut
partager de tant de façons différentes
un tout, que je ne ſuis point étonné
de l'irrégularité qui s'y rencontre
quelque-fois. Oh bien, imaginez-
vous, que ces femmes ſi hommes, &
ces hommes ſi femmes, ont été le
fruit d'un de ces partages mal-
faits, où il eſt reſté,du côté de ce
qui a fait la femme, les trois quarts
de ce qui étoit deſtiné à faire
un homme , & du côté de ce qui
a fait l'homme, les troits quarts de ce
qu'il falloit pour faire la femme. On
pourroit expliquer, ſi l'on vouloit, par
ce partage, les défectuoſitez de certains corps. Ceux , qui ont plus,
n'ont ce plus qu'aux dépens de ceux
qui ont moins. Platon fondoit ſur ce
par-

partage l'Amour des deux Sexes: il expliquoit cet Amour plus ou moins grand, du plus ou du moins de rapport qu'avoient les parties féparées. Il pouvoit croire, que ces fympathies inévitables, s'il y en a, étoient la rencontre des deux parties du même tout quand elles fe retrouvent ; ce qui étoit rare. On diroit encore, que ceux qui s'aiment, & fe marient à force de s'aimer, puis fe haïffent, ont été trompez par une apparence de reffemblance, dont ils ne reconnoiffent la fauffeté, que lorfqu'il n'eft plus tems d'y remédier.

Ce Raifonnement, tout fabuleux qu'il étoit, fut bien reçû: on découvrit en partie la Vérité, que je n'ofois dire. Nous nous égayâmes beaucoup fur la bifarrerie de ces partages : nous convinmes, qu'il n'étoit pas fi hors de propos, qu'on le croyoit, & qu'on s'en plaignoit communement, de voir de jolies femmes mariées à de vilains hommes, & de jolis hommes unis à des femmes laides, puifque c'é- toit une forte de réünion des deux parties d'un tout mal partagé.

On

ON me fit des Queſtions ſans nombre ſur les tempéramens, aux-quelles je répondis comme je pûs: car, je n'avois garde de leur dire à chacun ce que je penſois. Il y avoit une femme, qui mouroit d'envie, que je lui diſſe, qu'elle aimoit les hommes. Pour la ſatisfaire, mieux même qu'elle ne vouloit, j'avançai une theſe où elle trouva ſon compte, & qui ne déplût à perſonne; que rien ne marquoit plus de perfection dans l'organiſation & le mélange des humeurs d'une femme, que d'aimer les hommes, comme dans celle des hommes, que d'aimer les femmes. On me demanda des preuves de détail, & je n'en donnai, que de générales, qui ſe réduiſent à dire, que la Nature eſt plus parfaite, lorſqu'elle va à ſon but par le chemin le plus marqué; & que, là où elle a raſſemblé plus de moiens d'atteindre à la fin qu'elle ſe propoſe, là auſſi s'eſt-elle montrée plus admirable. Combien d'inductions ne tirames-nous point de tous ces Principes ſur la conduite réciproque des hommes, & des femmes, les
uns

uns pour les autres ? Nous eûmes pitié de ceux qui s'effarouchent de voir ces inclinations mutuelles, trop marquées dans la jeuneffe : nous décidâmes, qu'il falloit travailler à les modérer, ce qui n'étoit pas impoffible, au lieu de perdre le tems à les détruire, ce qu'on n'effaye jamais qu'en caufant des révolutions malheureufes, dont on ignore la véritable caufe. Je fis à ce foupé un profélyte des Phyfionomies, qui fera honneur un jour à mon Syfteme. Je m'en fais un de vous répéter ce que vous fçavez, que perfonne n'eft &c.

LET-

✳✳✳✳✳✳✳✳✳✳✳✳✳✳✳✳✳✳✳✳✳✳✳✳✳✳✳✳✳✳✳✳✳✳✳✳✳

LETTRE SEIZIEME.

ON eſt étonné, ou l'on doit l'être, que je prétende trouver tant de facilité à connoître le tempérament, ſur-tout ayant à en conclure la connoiſ-ſance du caractere ; ce qui ſuppoſe en quelque ſorte une intelligence parfaite. Je me prête de bonne grace aux dif-ficultez qui ſe préſentent, & je me fais à moi-même celles qu'on vou-droit, ou qu'on pourroit, me faire. Il y en a deux principales. La prémiere eſt de ſçavoir d'où chacun de nous tire ſon tempérament, & la ſeconde comment on explique les variations de ce tempérament, qui quelquefois n'eſt pas à cinquante ans ce qu'il étoit à dix-neuf, dans la même perſon-ne. Pour la prémiere, il faut ſuppo-ſer dans la formation du tempérament beaucoup de choſes auxquelles on ne fait gueres d'attention, & dans les-quelles il s'en trouve qui contribuent eſſenciellement à cette formation. Il doit nous paroître étrange, que nous

n'ayons

n'ayons pas tous le même tempérament que nos peres & meres, ou
au moins l'un des deux : puifque, formez par eux, nous femblons ne devoir
participer, que de la caufe, qui nous
produit ; & qui, fi c'eft le pere qui a
le plus contribué à nous donner l'ê-
tre, doit nous donner fon tempérament ; comme la mere le fien, fi c'eft à
la mere que nous devons d'avantage. Ce qu'il y a de vrai, c'eft que nous
tenons toujours beaucoup de ces deux
caufes. Les maladies, les façons, &
quelquefois même le caractere, en font
la preuve. Ce qui empêche, que cette
transfufion ne foit parfaite, c'eft qu'il
fuffit que deux caufes concourent au
même effet, pour que la nature de
cet effet forme un troifieme tempérament, qui ne reffemble point à celui de fes caufes. Il faut encore
obferver, que la difpofition particuliere du pere, & de la mere, dans le
tems de notre formation, eft quelquefois fort différente de celle que leur
tempérament ordinaire leur donne.
L'yvreffe, la fureur, la maladie, la
fanté parfaite, la laffitude, le chagrin,

grin, & mille autres états, changent
la fituation ordinaire des humeurs,&,
les faifant agir différemment, produi-
fent des effets différens. On ne fe reffemble pas toujours. Combien avons-
nous de Livres fur la Maniere d'avoir
de beaux Enfans, & bien conftituez ?
Si ces fecrets étoient tels qu'on s'imagine, il y auroit de quoi faire une re-
cette, qui donneroit indubitablement
des enfans tels qu'on voudroit. Les
aliments, & l'air, contribuent infiniment à toutes nos fonctions animales,
& parconféquent à celle de la formation des corps, & des tempéraments.
Ce n'eft pas d'aujourd'hui qu'on attribue aux habitants d'un païs une qualité, qu'ils ne tiennent que des alimens qui y font en ufage, ou de l'air
qui y regne. Ce n'eft donc pas pré-
cifément le tempérament du pere, &
de la mere, ou celui de deux enfemble: c'eft encore la difpofition préfente, c'eft la nouriture particuliere, c'eft l'air, c'eft une infinité
d'autres caufes fecrettes, occafionnées
par des révolutions, qui travaillent enfemble à former un corps, & qui
lui

lui donnent tel ou tel tempérament ;
& c'eft de la multitude de ces caufes,
qui y concourent plus ou moins, que
vient cette variété incompréhenfible
des tempéraments dans un même
païs, une même famille, entre des
freres & des fœurs. Le Phyfionomifte
ne s'embaraffe point de quelle caufe
plutôt que d'une autre le tempérament qu'il examine tire fon orgine :
il lui fuffit de fçavoir quel il eft,
fans s'embaraffer d'où il vient. Il
n'eft pourtant pas hors de propos
qu'il connoiffe à peu près toutes les
caufes qui peuvent le produire : il n'en
devoilera que mieux leur effet. Quand
on ne feroit que fe réjouïr à découvrir la fource d'un tempérament
particulier, de deviner jufte, & de
fe fervir de la découverte de l'un pour
aller à l'autre, on feroit bien dédom-
magé de fon travail. La feconde difficulté, qui eft celle de la variation des
tempéramens, n'eft pas tout-à-fait telle qu'on le dit. Je crois bien que le
corps, une fois formé dans le fein
de la mere, acquiert quelque-chofe de
nouveau, par la forte de nourriture
qu'el-

qu'elle prend, par les maladies qu'elle éprouve, & qu'il eft fufceptible de
toutes les altérations qui arrivent ;
que le lait de la nourrice enfuite lui
communique beaucoup de bonnes ou
de mauvaifes qualitez, felon la nature
dont eft le lait lui-même, qui décide
plus fouvent qu'on ne croit de la bonne conftitution des enfans, & fur
lequel je ne vois pas qu'on prenne à
beaucoup près autant de précautions
qu'il faudroit. Il n'eft pas douteux
non plus, que la prémiere nourriture
folide qu'on donne aux enfans, & celle
qu'ils prennent jufqu'à un certain âge
que la Nature acheve de leur donner
l'accroiffement qu'ils doivent avoir,
n'influe plus fur leur tempérament,
que dans tout autre temps. Je fçais
encore, que, depuis vingt ans jufqu'à
foixante, la maniere de vivre tourne à
bien ou à mal le tempérament qu'ils
ont reçû ; que les excès, les travaux, &
l'oifiveté même, peuvent leur caufer
des maladies dont on ne fe feroit pas
douté plûtôt. Malgré tous ces changemens, qui font réels, on ne me perfuadera pas, que le tempérament varie.

F   La

La conftitution du corps peut changer en partie : elle peut acquérir, ou perdre, de mille façons différentes. Le prémier tempérament, apporté du fein de la mere, ne changera pas, & je crois en voir la Raifon. Ce qui a formé le corps a été une matiere à peu près femblable par fa quantité à celle du levain dont on fait le pain. Ce levain eft par-tout : on a beau emploïer d'autres matieres, pour le mettre en œuvre ; ce qui réfultera de ce compofé fe reffentira toujours du prémier levain. Comme il y a dans la formation du corps une mécanique qui échappe à nos connoiffances, ce que je dis du corps, par rapport à la prémiere matiere qui le compofe, eft encore plus vrai, que ce que je dis du pain, par raport au levain qui en eft le principe. C'eft de cette prémiere matiere, que tout le corps de l'enfant eft organifé, tout eft tracé, & même formé, en lui, avant qu'il furvienne une nouvelle matiere, qui lui donne l'accroiffement. Une autre raifon encore, c'eft que cette prémiere matiere eft plus fpiritueufe, & plus

plus substantielle tout ensemble, que toutes celles qui surviennent ensuite pour l'aider. C'est une sorte d'Elixir, qui donne plutôt, à ce qui arrive de nouveau auprès de lui, sa qualité particuliere, qu'il n'en emprunte d'autres. En un mot, on augmente cette prémiere matiere, on ne la change pas. On a beau dire, que, par les transpirations, & les accroissemens, les corps se renouvellent plusieurs fois dans la vie; que, pour se renouveller, il faut qu'ils perdent ce qu'ils avoient reçu. Je crois, comme je l'ai déjà avoué, que les corps changent en partie, qu'ils perdent à mesure qu'ils acquiérent, quelquefois plus, quelquefois moins; mais, ces changemens ne peuvent affecter que la matiere, qui est survenue depuis la formation, & qui doit soulager le corps par la transpiration & l'évacuation, qui ne chassent dehors, que ce qui étoit, ou hétérogene, ou nuisible, ou inutile; ce qui ne peut pas se dire de la prémiere matiere, au lieu qu'on peut le dire de toute autre.

DIRA-T'-ON, que, dans l'accroisse-

ment

ment de l'Epy, & fa maturité, il ne refte plus rien du grain de bled, qui en eft le Principe? C'eft la feve de ce grain, qui anime l'Epy, qui fe répand par-tout, & qui en fait toute la conftitution. Il peut arriver, de la prémiere matiere des corps, ce qui arrive quelquefois du grain de bled: il eft mal reçu dans la terre où il eft femé; il s'y trouve, ou alteré, ou étouffé, par quelques mauvaifes qualitez qu'il rencontre: alors, ou il ne produit rien, ou il ne produit que défectueufement. C'eft fouvent le Hazard, qui rend la production ce qu'elle eft. Remarquons en paffant, que nous appellons *Hazard* ce que nous ne connoiffons pas. Il n'arrive rien, à cet égard ni aux autres, qui n'ait fes Caufes & fes Principes invariables. Adieu. S'il me vient quelque-chofe fur ce Sujet, je vous en inftruirai. On ne fçauroit rendre trop inébranlables les fondemens d'un édifice fi important.

LET.

LETTRE DIXSETIEME

VOUS croyez, qu'il n'est pas assez établi, qu'on peut connoître le tempérament par l'extérieur du corps. Vous alléguez, pour raisons, la maladie, la différence des âges, les passions, qui produisent de vrais changemens, & qui ne permettent pas au tempérament d'employer ses symptomes ordinaires pour se produire. Je vous sçais gré de cette Objection : elle me donnera lieu de vous dire beaucoup de choses, qui me seroient échapées, & qui trouvent ici leur place naturelle. D'ailleurs, dès qu'une pareille Difficulté vous est venue, il faut qu'elle soit réelle : au moins la jugerai-je ainsi ; & je vais tâcher d'y répondre. Un vrai Philosophe fait plus de cas d'une bonne Critique, que de la Louänge la mieux assaisonnée : celle-là aide à la Vérité, & celle-ci lui nuit.

IL suffit d'avoir une teinture bien lé-

gere

gere des Phyſionomies, pour ſçavoir diſcerner l'air naturel de l'air forcé du viſage: il n'eſt preſque beſoin, que d'avoir intérêt à ſçavoir ce qui ſe paſſe chez quelqu'un, pour en juger; & j'ai toujours vû, que ce diſcernement égaloit l'intéret qu'on y prenoit.

IL eſt aſſez connu, que la maladie, la différence des âges, & les paſſions, donnent au viſage un air forcé; puiſque, par la ſuppoſition qui a été faite, toutes ces cauſes lui ôtent ſon air naturel. Il eſt donc facile de juger, que celui, qui ſe trouve dans un des états dont nous parlons, n'a pas l'air naturel: il ne s'agit plus, que de diſtinguer ce que nous appellons air forcé; car, il y en a de plus d'une ſorte, & même d'autant de ſortes qu'il y a de cauſes qui peuvent le produire. Il s'agit auſſi d'examiner, ſi, dans cet air forcé, on ne trouvera pas des traces du vrai tempérament; & c'eſt ce qui me paroit hors de toute conteſtation.

LA maladie, la différence d'âge,
&

& les paffions, arrivent dans un fujet;
& il n'eft pas poffible, que les altérations qu'elles caufent ne partici-
pent, ne s'affortiffent même en quelque forte, avec le fujet où elles arrivent. Il eft encore moins poffible, qu'en
altérant ce fujet, elles le changent fi
parfaitement, que ce qui y dominoit
auparavant n'y paroiffe plus abfolument. Il faudroit, pour en venir - là,
qu'elles le détruififfent; ce qui ne fe
peut faire, que par la deftruction même de la machine.

QUE fait la maladie? Elle donne
ordinairement un air, qui lui eft fi
particulier, qu'on connoit pour mala-
de celui qui l'eft, quoiqu'on ne l'ait
pas vû en fanté. Ce que je dis de la maladie doit fe dire des âges, & des paffions. Qui, ne difcerne pas, au prémier
coup d'œil, la jeuneffe de la vieilleffe,
l'amour de la colere, la bonté de la
malice? Toutes ces caufes agiffent
inégalement fur les fujets où elles entrent: quoiqu'elles aïent toutes des
fignes qui les caractérifent, elles ne les
démontrent pas toujours de la même

manie-

maniere. Combien de gens font malades, fans qu'il y paroiſſe fur leur vifage, tandis que la plus petite indif-
poſition en rend d'autres méconnoiſſa-
bles? Le viſage n'annonce pas toujours
l'âge qu'on a : & où en ferions - nous,
ſi cela étoit ? Les gens les plus paſſion-
nez ont fouvent l'adreſſe de ſe contrefaire ſi bien, qu'on ne ſçait gueres
à quoi s'en tenir. Qui pourroit ſuivre, par éxemple, & démaſquer, les
vrais fentimens d'une Coquette, qui ſe
trouve expoſée à avoir beſoin de faire uſage de ſes talens ? Tout ce que
je dis-là, au reſte, n'eſt que pour faire comprendre, que les cauſes, dont
il eſt queſtion, agiſſent inégalement
fur les fujets ; à quoi on peut ajouter encore les divers dégrés où elles
y font : le plus, ou le moins, forme
des apparences extérieures infiniment différentes. Je ferois bien é-
loigné de mes prétentions, ſi vous al-
liés croire, qu'il peut ſe paſſer beaucoup de choſes dans l'ame, où même
dans le corps, qui ne feroient pas
apperçues d'un Phyſionomiſte atten-
tif,

tif. Ce n'eſt pas - là mon intention: je
ne parle, que de ce qui eſt Apparence extérieure pour tout le monde, qui
n'y regarde pas de ſi prés. Reve-
nons: toutes ces cauſes, quelles qu'elles ſoient, font à peu près ſur le corps
un changement, que je compare à
celui que fait l'embonpoint ou la maigreur, quand l'un ou l'autre arrive où
l'on n'étoit pas accoutumé de les voir.
Le tempérament perce à travers, &
ne s'en découvre pas moins ce qu'il
eſt: c'eſt un vernis, qui attache aux
couleurs qu'on y applique une nuance
qui ne permet pas d'en ignorer le véritable fond. Je m'autoriſe encore à
le penſer, parceque les malades affec-
tez de la même maladie, les gens de
même âge, ou ceux que les mêmes
paſſions agitent, ne ſe reſſemblent
point parfaitement, quoique toutes
ces choſes ayent entre elles une conformité d'attributs ou de ſymptomtes
aſſez marquée. Qui, peut y mettre
la différence, que nous y trouvons,
ſi ce n'eſt le tempérament, qui préſi-
de à la couleur, à la figure, à la

F 5   ma-

matiere, & à la conftruction des ref-
forts de toute la machine ; & qui tourne à fa maniere toutes ces caufes é-
trangeres, ou accidentelles ? C'eft lui
principalement, qui ralentit, ou qui
précipite, les effets de la maladie, qui
arrete ou qui avance la caducité de
l'âge : c'eft lui, enfin, qui rend les gens,
atteints d'une même paffion, paffion-
nez fi différemment. L'Amour, en
particulier, eft de toutes les paffions
celle fur laquelle il agit le plus diver-
fement ; il la captive, & la foumet, à
fon gré : vous en devinez aifément la
caufe. Auffi n'ai-je vû perfonne avoir
autant de pitié que vous pour tous
les défauts qu'on reproche à l'Amour,
quand il ne va pas jufqu'au vice. On
peut confirmer tout ce que nous a-
vons dit par une Refléxion toute fimple, & que voici.

Lorsqu'une de ces Caufes allé-
guées a produit un changement plus
grand que de coûtume, c'eft-à-dire,
qu'il ne refte plus que des traces
bien imparfaites du prémier tempérament, nous commençons à craindre
                                    pour

pour la vie de celui chez qui ce changement extraordinaire ſe fait : nous
croïons, que les mêmes dégrés, qui
le conduiſent à ce changement parfait, le conduiſent auſſi à la mort, qui
n'arrive que lorſque ce changement
eſt arrivé. Or, n'eſt-ce pas dire,
que le prémier tempérament eſt ineffaçable ? Où en ſeroient encore les
Médecins pour traiter les maladies,
ſi, appellez pour ſecourir des gens
qu'ils n'ont jamais vûs en ſanté, ils
ne pouvoient pas trouver, dans l'air
forcé & défiguré, que la maladie
leur donne, quelques indications du
tempérament qui domine, pour s'y
conformer, & leur fournir des remedes
qui lui rendent la ſupériorité, que la
maladie alloit lui faire perdre. Je ne
veux pas dire, qu'il ſoit toujours queſtion d'aider le tempérament dans les
maladies, pour opérer la guériſon ;
car, il y a des maladies, qui ne viennent que d'un tempérament vicieux.
Mon intention n'étant pas ici de faire le Médecin, je me contente d'obſerver, que le tempérament eſt ſi

ſen-

fenſible , en quelque état que nous
nous trouvions, que rien n'eſt capable de le détruire abſolument ; &
que toutes les Cauſes, que vous m'a-
vez objectées, peuvent l'altérer, &
ne l'éteignent jamais. Soïés content de ma bonne Volonté, ſi vous
ne l'êtes pas de mes Raiſons. A-
dieu, &c.

✳✳✳✳✳✳✳✳✳✳✳✳✳✳✳✳✳✳✳✳✳✳✳

LETTRE DIXHUITIEME.

VOUS ne vous attendiés pas à une nouvelle Lettre fur les Tempéramens : il la faut encore, pour me mettre à mon aife avec vous. Je n'y fuis jamais, que je ne puiffe penfer, que vous ne me reprochez aucun oubli. Je vous fais même honneur de ce que j'y vas dire : c'eft la néceffité où vous m'avez mis de vous écrire la précédente Lettre, qui a amené celle-ci.

Il eft queftion de vous développer quelques indications fur le mélange des humeurs. On pourroit conclure de ce que j'ai dit, qu'en me contentant d'affigner les quatre dont j'ai parlé, j'ay prétendu qu'il ne pouvoit y avoir que quatre fortes de tempéramens, puifqu'il n'y avoit que quatre fortes d'humeurs. On concluroit fauffement, en concluant ainfi. J'ai averti, que la combinaifon différente de ces quatre humeurs étoit infinie ; & que c'étoit de cette forte d'infinité, que venoit

la

la variété de ces tempéramens. On n'a, pour s'en faire une idée, qu'à s'imaginer de combien de manieres différentes on peut varier le mélange de quatre liqueurs, les divers dégrés où elles peuvent être mélées entre elles ; & l'on comprendra, qu'il y auroit à travailler long-temps avant que d'avoir pû les épuiser.

Il n'y a pas une grande finesse à découvrir le tempérament, quand une des quatre humeurs domine les trois autres, de façon que ces trois autres ont à peine la liberté de faire voir qu'elles sont entrées dans la compofition du sujet. Il en faut beaucoup, au contraire, pour deviner celui où les fonctions des humeurs font, je ne dis pas prefqu'égales, car alors il y a autant de facilité à deviner le tempérament, que lorfque c'eft l'empire d'une feule d'elles qui le produit, mais où elles font oppofées en partie, & en partie unies. Lorfque deux humeurs fe partagent en quelque forte la domination fur les deux autres ; que de ces deux autres il y en a une qui commande à la quatrieme, & qui lui
est

eſt peu ou beaucoup ſupérieure : c'eſt alors , & en pluſieurs autres occaſions, (je ne puis donner qu'une foible idée de toutes celles qui arrivent,) qu'il faut raſſembler toutes les indications ; ne pas ſe contenter d'une ſimple attention ſur la couleur & la forme du corps , & examiner le viſage avec un ſoin infini, & toutes les parties qui le compoſent ; & faire de vrais raiſonnemens ſur le rapport ou l'oppoſition qu'elles ont enſemble. Tel a un nez épaté, qui a des yeux de feu. Un nez aquilin eſt quelquefois accompagné d'un petit front, avec des yeux languiſſants. Un autre eſt pâle, & a des yeux fort ſains. Il y en a, dont le détail ne promet rien de bon, & dont l'enſemble eſt merveilleux.

L'ATTENTION eſt encore néceſſaire, pour voir les différences qu'apportent aux tempéramens les qualitez qui entrent dans leur compoſition. Ce n'eſt pas le tout d'être ſanguin, ou pituïteux, ou bilieux, ou mélancolique : chacun de ces tempéramens varie dans ſon eſpece. Il y a une infinité de tempéramens, qu'on peut dire

ſan-

fanguins, & qui ne fe reffemblent
point. Ce qu'on a dit de ceux-là fe
dit à proportion des autres : les nüan-
ces d'une même couleur n'appro-
chent point, par leur multitude, des
qualitez diverfes d'un même tempérament. On trouvera fans doute mauvais,
que, pour les connoître, ces tempéramens fi variés, je n'aye pas recours
aux indications ordinaires de la Médecine ; & , qu'avec un befoin infini
de fecours, je n'en prenne pas par-
tout où je puis en trouver. Je me fers
de la Médecine où elle peut m'être
utile : elle entre néceffairement dans
mon Deffein. Je l'emploie, comme
beaucoup d'autres facultez, felon les
rapports qu'elles ont avec l'objet que
je me fuis propofé. Ce n'eft pas plus
ici un Traité de Médecine, que de
Phyfique : ce n'eft, & ce ne doit ê-
tre, qu'un Traité de Phyfionomie. Je
ne puis donc me fervir, que des Indications, que la Phyfionomie me donne. Toute autre voye prouvera bien ,
qu'on peut en avoir ; mais , à quoi me
ferviroient-elles, fi ce n'eft pas de la
Phyfionomie , que je les tire ? Je n'ay
point

point la fanté du corps pour objet : &
quelque respectable & utile que
soit la Science qui apprend à la conserver ou à la réparer, je me borne
à l'étude des Caracteres. Je ne dispute avec personne de prééminence
fur le plus ou le moins de Noblesse
de mon Art comparé aux autres. Le
Métier le plus noble pour chacun est
celui qu'il fait le mieux. J'exerce le
mien avec plaisir : voilà où j'en suis.
Concluez toujours, que, s'il y a une
variété infinie de tempéramens, il y a
tout au moins une grande abondan-
dance de moïens de les connoître.
La Nature se découvre de mille maniè-
res différentes. Si l'étude qu'on en fait
est longue, c'est qu'elle a des merveilles fans nombre à montrer. Si elle
est quelquefois inutile, c'est que nous
ne la cherchons pas comme il faut,
ou que ce qui n'est pas utile à la fin
que nous nous proposons peut l'être
à une autre à laquelle nous ne pen-
fions pas, & que nous prenons en
chemin faisant comme la véritable.
A combien de Curieux n'est-il pas arrivé de trouver ce qu'ils ne cher-
choient

choient pas, en cherchant mal-à-propos ce qu'ils ne devoient jamais trouver? Il ne faut pas être en peine de son tems, quand on l'employe à la suivre: il y a toujours à gagner sur ses pas. Voyons à présent, il en est temps, comment on peut tirer de cette connoissance celle des Caracteres: & attendez-vous à me voir fidele à vous donner, jusqu'à la fin, des Preuves d'une Docilité, que je n'ai que pour vous.

DANS le moment, que j'allois fermer ma Lettre, il m'est arrivé deux Personnages singuliers par leur opposition de tempérament. Je les ai bien reçûs: ils venoient avec une Lettre de l'Abbé...... Ils ont voulu que je leur disse ce que je pensois d'eux. Je me suis borné à leur recommander de ne point se quitter, parceque l'opposition de leurs tempéramens en faisoit le juste assortiment. J'ay ajouté, qu'ils n'auroient pas de peine à suivre mon Conseil. Je les ai félicité du bonheur qu'ils avoient de s'aimer. Ils se sont jettez au col l'un de l'autre, avec un étonnement extrême de ce que, sur l'étiquette, j'avois si bien

bien jugé de leurs ſentiments mu-
tuels. Ils m'ont prié de leur dire lequel des deux tempéramens j'eſti-
mois le plus. Je n'ai répondu à leur
demande, qu'en les priant de m'admettre pour troiſieme Ami ; que c'étoit
une faveur, que Denis le Tyran a-
voit autrefois obtenue de deux A-
mis comme eux ; que je méritois une
pareille grace, par l'eſtime, & l'a-
mitié, que j'avois pour l'un & l'autre. Ils me l'ont promis ; & ils ſont
gens à tenir leur parole. Adieu. Aimez moi toujours beaucoup, vous, que
j'aimerai toujours par deſſus tout le
monde.

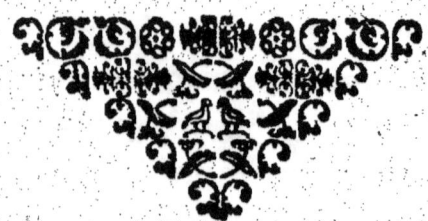

L E T-

✿✿✿✿✿✿✿✿✿❦✿✿✿✿✿✿✿✿

LETTRE DIXNEUVIEME.

APRÈS le chemin que j'ai fait, je devrois définir ce que j'entends par ce que j'appelle Caractere. Comme je n'y entens, que ce que tout le monde y entend avec moi, je ne m'amuferai point à apprendre aux autres ce qu'ils fçavent. On appelle *Caractere* la Forme ordinaire fous laquelle l'efprit fe montre. C'eft une efpece de marque attachée à toutes fes productions, qui le fait reconnoitre pour ce qu'il eft, & qui le diftingue des autres. Je confonds volontiers le Caractere avec ce qu'on appelle *Naturel.* Si l'on veut me le permettre, je ne diviferai point l'ame en partie fupérieure, & inférieure, comme il eft d'ufage. Il y a long - tems, que je m'apperçois, que ce partage apporte plus de confufion, que d'ordre, dans ce qu'on en dit. Je ne connois donc d'autre diftinction, que celle de l'ame, & du corps. Leur union

union, toute incompréhenſible qu'elle eſt, emporte avec elle l'intelligence de pluſieurs effets, communs à ces principes, & qui dérivent de leur union. On ſuppoſe, qu'ils s'aident mutuellement ; que comme le corps ne ſeroit pas vivant ſans elle, l'ame n'agiroit pas ſans lui, au dehors. Je ne les conſidere, d'ailleurs, que dans l'état de leur union, parceque c'eſt le ſeul qui convienne à mon deſſein. Tout autre m'eſt étranger : & ce qu'on pourroit oppoſer à mon Syſteme, quand on ne conſidérera point l'ame dans cette union, ne ſçauroit le détruire. Ce ſeroit ſortir de la Suppoſition où je ſuis, & où il faut que je reſte.

Il y a des gens, qu'on accuſe communément de n'avoir point de Caractere. On n'entend par-là, que la difficulté qu'on trouve à le définir ; car, le Caractere eſt ſi attaché à l'homme, que nous n'imaginons point d'homme, ſans imaginer en même tems un Caractere qui diſtingue ſon eſprit des autres, comme ſa figure l'empêche d'être pris pour ce qu'il n'eſt pas. Le Caractere fait donc la diſtinction des

eſefprits, comme la figure fait celle des corps.

On n'entend pas, par n'avoir point de Caractere, ce qu'on entend par manquer de Naturel : & c'eft parce qu'on a toujours voulu diftinguer le cœur de l'efprit, que le Caractere, & tout ce qu'il entraine, eft affecté à l'efprit, comme le Naturel, & tout ce qui l'accompagne, eft attribué au cœur. Je ris quelquefois d'une Diftinction, qui met autant de différence entre l'efprit, & le cœur, qui ne font réellelement qu'un, que s'ils étoient deux Principes, je ne dis pas divers, mais éloignez, oppofez, & qui fe font la guerre. Cela eft fi vrai, que tout le monde dit du mal de fon efprit, & du bien de fon cœur, quoique tout le monde penfe avantageufement du prémier, & fouvent très defavantageufement du fecond. Perfonne ne manque de Caractere, ni de Naturel : le tout eft de les avoir bons. Il feroit affez difficile de décider lefquels valent mieux. Je crois, que c'eft d'eux que parloit le Sage, quand il difoit, qu'il avoit été pourvû d'une bonne ame.

L'ame

L'ame, comme je l'ai déjà montré plus haut, ne pouvant être inégale entre les hommes, il faut penſer, que le Sage n'a voulu parler, que du Carac-tere, & du Naturel, qui ſont les effets du tempéramment ; & que le bon-heur, qu'il ſe vantoit de poſſéder, n'é-toit qu'un mélange d'humeurs, & une organiſation favorable, qui avoit don-né à ſon ame le Caractere & le Natu-rel heureux, dont il ſe croyoit favori-ſé, avec raiſon. Si l'on apprécioit les choſes ce qu'elles vallent, on feroit plus de cas de ces heureux Caracte-res dont nous parlons, que de tous les Biens que la Fortune peut donner. De quelle reſſource ne ſont - ils pas, pour ceux qui les poſſedent, & pour ceux qui en jouïſſent ? Les avantages, qu'ils nous procurent, nous appartiennent véritablement. Ce n'eſt, ni l'eſtime qu'on y a attachée, ni la mode, ni le préjugé, qui nous les rendent chers. On eſt heureux avec ces avantages, & l'on ne ſçauroit l'être ſans eux, quel-que moyen qu'on puiſſe imaginer de les remplacer ou d'y ſupléer. Les Ca-racteres ont cela de bon ou de mauvais

vais, qu'on ne s'en défait jamais entiérement: auffi eft-ce fur le Caractere, que les vrais Politiques établif-
fent le jugement qu'ils portent de
ceux dont ils fe fervent pour arriver
à leurs fins. Ils fçavent, comme dit
le Poëte Latin, que tous les efforts
qu'on fait pour le changer font inutiles: & ils font affurez du fuccès, quand
ils le font du Caractere de celui qu'ils
mettent en œuvre. Ce difcernement
n'eft pas facile à faire: ceux, qui gou-
vernent les autres, ne fçauroient trop
l'étudier ; la bonne où la mauvaife
conduite des hommes dépendant prefque entiérement de cette connoiffance. Vous tirerez de ceci deux reffem-
blances, qui ne me font pas inutiles:
la prémiere, que le Caractere fait fur
l'efprit ce que le Tempérament fait
fur le corps, pour diftinguer les hommes les uns des autres ; & la feconde, que comme le Tempérament eft
ineffaçable, le Caractere l'eft auffi.
J'admettrai autant de variations, &
d'adouciffemens, qu'on voudra; je ne
les ai pas refufé au Tempérament, je
les accorderai au Caractere: ils font
trop

trop dépendants l'un de l'autre, pour les defunir ; leur intérêt eft le même, comme on le verra bien-tôt : & ce que la nourriture, l'âge, la maladie, & les paffions, peuvent faire fouffrir au tempérament, le tempérament le fait fouffrir au Caractere ; mais, comme ils fouffrent enfemble, ils fubfiftent enfemble : le même jour les avoit vû naître, un même jour les verra périr. On peut dire d'eux, que leur liaifon eft invariable jufqu'à la mort. J'en dis autant de mon attachement pour vous. Adieu.

G   L E T-

✶✶✶✶✶✶✶✶✶✶✶✶✶✶:✶✶✶✶✶✶✶✶✶✶✶✶

LETTRE VINGTIEME.

L'AME etant égale chez tous les Hommes, comme nous l'avons prouvé autant qu'on peut le faire dans une matiere si peu à notre portée ; & le Caractere étant aussi différent qu'il l'est chez tous les hommes, comme l'expérience nous l'a fait assez voir ; d'où veut-on, que les Ames tirent la différence de leurs Caracteres, si ce n'est du Tempérament ? Les goûts, les penchants, les inclinations, & les passions, ont des objets hors de nous ; mais, ces objets matériels ou spirituels n'arrivent à nôtre ame, & ne sçauroient la toucher, que dépendemment du corps, dont elle se sert : semblable à l'air que nous respirons, qui dépend des lieux où il passe, & qui apporte avec lui les bonnes ou les mauvaises qualitez qu'il trouve sur son passage, les objets ne peuvent s'offrir à l'ame, qu'après avoir passé par le corps, & y avoir trouvé une

con-

convenance, ou une difconvenance,
qu'ils préfentent à l'ame en même
tems qu'ils fe préfentent eux-mêmes,
& à la quelle l'ame s'affervit infenfi-
blement, pour n'aimer ou ne haïr que
ce qui convient ou ne convient pas
au corps. Ce qui l'empêche d'agir
autrement, c'eft qu'elle eft fort emba-
raffée dans ce corps : c'eft que fon
union avec lui eft d'une intimité, qui
paffe tous les exemples d'union, que
nous pouvons imaginer : c'eft que,
pendant long-tems, & trop long-tems
fans doute, l'ame ne fait nul effort
pour vaincre cet afferviffement; &
qu'elle a acquis en quelque forte l'habitude d'être affervie, avant que d'a-
voir fenti fa fupériorité : c'eft qu'il
y a mille chofes, fur lefquelles elle ne
peut faire mieux, que de fuivre cet
inftinct du corps; & que l'exemple
de celles, où elle a trouvé bon de le
fuivre, l'a féduit fur beaucoup d'autres,
où il feroit meilleur de ne le fuivre
pas : c'eft qu'en effet elle tire de cette foumiffion, & de cet aveugelment,
des plaifirs réels, qui l'entrainent en
quelque façon. Combien paffons-nous

d'and'années, à juger plus par le corps, fi l'on peut le dire, que par l'ame? C'eft pendant ce grand nombre d'années, que l'habitude d'admettre, ou de rejetter, ce qui fe préfente dépendamment du corps, fe forme: & , quand cette habitude eft formée croit-on qu'il foit aifé de la détruire? Ajoutons encore, qu'il y a des ames plus ou moins libres dans les corps où elles fe trouvent, par la ftructure même des corps, & le mélange de leurs humeurs. On peut en juger, par cette efpece d'hommes, auxquels nous trouverions moins d'efprit qu'aux bêtes, fi l'on décidoit des uns & des autres par leurs opérations ; & par l'efpece de ceux dont l'efprit eft fi fort au deffus de leurs femblables, qu'ils nous paroiffent des prodiges. Tout eft habitude dans la vie : & la Nature ellemême n'eft qu'une habitude ; puifque ce qui fe fait dans nous le plus néceffairement n'eft qu'un ufage fréquent de la même chofe, qui devient fi facile à faire, que nous la regardons comme naturelle.

Il n'y a rien de fi naturel, que de

mar-

marcher, de boire, de manger, d'ouvrir les yeux & les oreilles : tout
cela ne fe fait point fur le champ ; il
faut plier les organes, & les mem-
bres, à ces fonctions-là, pour en tirer
l'exercice que nous leur voïons faire, & que nous appellons Nature.

Ces Principes étant établis, peut-
on douter, que ce ne foit le tempérament même, qui imprime à l'ame fon
Caractere ? Nous avons dit de mille
façons, que le tempérament dominoit le corps ; que tout ce corps, &
toutes les parties qui le compofent,
tenoient de lui ce qu'elles étoient : il
refte à conclure, que les nuances,
pour ainfi dire, fous les quelles le corps
préfente les objets à l'ame, fe tirent
du tempérament ; que c'eft lui, qui
donne à ces objets la convenance, ou
la difconvenance, avec laquelle les objets font préfentez ; que cette convenance, ou cette difconvenance, étoit
néceffaire chez lui, parce qu'il étoit
lui-même un être néceffaire, ne pouvant pas ne pas être ce qu'il eft ; &,
par conféquent, que le Caractere que
prenoit l'ame de fa dépendance du

G 3   corps

corps, elle le prenoit, pour parler plus correctement, du tempérament même.

JUGEZ à préfent, fi j'ai avancé fans Principes, qu'on pouvoit connoitre le Caractere de l'ame, par la connoif-fance du tempérament. Leur liaifon, & leur dépendance, rendent ma Preu-ve fi facile, que je ne croïois pas ar-river fi-tôt à cet heureux terme, où il nous refte plus de fleurs à cueillir, que d'épines à arracher. Envoyez-moi vos Réfléxions fur cette Lettre, qui en a befoin. J'attens votre Réponfe, pour finir, & faire les Applications de mes Principes.

LETTRE VINGT-UNIEME.

VOUS dites, que je vous ai fait ouvrir de grands yeux, en lisant ma Lettre ; que vous avez envie de croire, que tout ce que j'y dis est vrai, & qu'il vous paroit tel. Vous craignez pourtant, que quelqu'un ne trouve, que je donne trop à la Matiere. Je réponds à cela, que ce n'est pas ma faute : que la Constitution humaine en dépendant beaucoup, je n'ai pû faire autrement. L'Ame a la Matiere pour objet, ou pour moyen de parvenir à son objet. Il résulteroit de mes Principes, dites-vous encore, qu'on ne pourroit rien acquérir, ni rien perdre ; parce que le tempérament étant toujours le même, & l'ame aïant son caractere dépendant de ce tempérament, il arriveroit, que l'ame ne pourroit au moins, ni acquérir les vertus qui lui manquent, ni perdre les vices qu'elle a reçus. Voilà une grande Question, que je ne comptois pas é-

clair-

cir, & à la quelle je vais facrifier cette Lettre.

LAISSONS d'abord la Foi jouïffante
de fes Droits: reconnoiffons, fuivant
les Lumieres qu'elle nous donne, qu'il
y a des Miracles de la Grace; Miracles, qui confiftent à changer les Cœurs,
fans leur ôter leur Liberté. Arrétons-
nous-là : auffi-bien, ceux, qui ont voulu
aller plus loin, ou fe font égarez, ou
ont beaucoup parlé fans rien dire.
Une fois pour toutes, quand je parle-
rai de l'ame, de fes vûes, & de fes
vertus, tenez-vous pour averti, que
je n'entends en parler, que felon la
Raifon, & nullement felon la Foi.

RE'DUIT au feul Raifonnement, je
répondrai donc, que la Conféquence,
que vous tirez, eft affez jufte, généralement; qu'on n'acquiert gueres les
vertus qu'on n'a pas naturellement;
& que rarement on fe défait des
vices qu'on apporte en naiffant. Il
faut pourtant vous faire obferver,
qu'il y a des vertus enveloppées, &
comme cachées, jufqu'à un certain â-
ge, qui paroiffent enfuite avec éclat,
& qui ne doivent être cenfé acquifes
que

que parceque les occaſions leur ont
fourni le moïen de ſe produire, ou
que l'Education qui les a cultivées les a
fait germer ; ce qui ne ſeroit point arrivé ſans l'une ou l'autre de ces cauſes, ou peut-être ſans toutes les deux
enſemble. Ce que je dis des vertus
peut ſe dire auſſi des vices. Il y a une
différence dans ces derniers : c'eſt que
ce qui paroit vice de bonne-heure ne
l'eſt pas toujours dans la ſuite. L'ignorance extrême où eſt la jeuneſſe, ſon
défaut d'expérience, peut la précipiter
dans des abimes, qu'elle ne connoit
pas, & dont la prémiere luëur de Raiſon la tire, pour n'y jamais retomber.
Il y a des fautes à cet âge, qu'on ne
fait pas par penchant de tempérament.
On les fait malgré ſoi, entrainé par
l'exemple des autres, qu'il ſeroit dangereux de ne pas ſuivre. On les fait
par une vanité, qu'on condame en lui
obéïſſant. On les fait par une eſpece de tranſport, & d'yvreſſe, où l'a-
me, & le corps, n'étant pas dans
leur aſſiette naturelle, produiſent des
actions qui ne leur reſſemblent pas.
Tout le monde n'eſt pas capable de

diſdifcerner ce qui fe fait ainfi, de ce qui fe fait naturellement. Je me raf-fûre beaucoup, lorfque, voyant quel-qu'un agir mal, je vois auffi, que ce n'eft pas fon Caractere qui l'y por-te : mais, je ne trouve point de ref-fource à ceux, qui font le mal, parce-qu'il leur eft infpiré par ce même Ca-ractere. Autant, que je me fie aux vertus naturelles, & que je me défie des vertus acquifes, autant fuis je peu épouvanté des vices acquis, & le fuis je beaucoup des vices naturels. Il y en a de deux efpeces. Je fçais bien, que, dans les deux états de ver-tus & de vices, on a la Liberté de les mettre au jour, ou de les tenir cachés. Je fçais en même tems, qu'il en coûte trop à l'ame pour com-battre toujours fon penchant : &, dans les occafions où ce penchant fe fera fentir avec force, je ferai prefque tou-jours affuré de voir paroître ou le vi-ce ou la vertu naturelle, felon que le penchant en décidera. On peut fans doute ne pas faire une action de co-lere, comme on peut ne pas faire une action de générofité, parceque nous

avons

avons la Liberté des Faits ; mais, nous n'avons pas celle des penchants : on ne peut s'empécher d'être colere, ou généreux, si l'on a le Caractere de l'un ou de l'autre. Il eſt auſſi impoſſible de n'être pas amoureux, quand on l'eſt naturellement, qu'il eſt impoſſible d'avoir deux yeux, quand on n'en a apporté qu'un en naiſſant. Il en eſt de même de tous les penchans, heureux, ou malheureux. On peut adoucir les vices naturels, comme on perfectionne les vertus naturelles, ſans qu'il ſoit poſſible de les détruire. C'étoit dans ce ſens, que parloit cet Homme extraordinaire, qui irrita ſi fort les Diſciples de Socrate, en leur diſant, que leur Maître étoit d'un mauvais Caractere, & porté à pluſieurs vices. Il ne prétendoit pas, que Socrate ſe livrât à tous ces penchants : il vouloit ſeulement dire, qu'il les avoit ; ce qui pouvoit fort bien s'accorder avec la réputation de Sageſſe qu'il s'eſt acquiſe, & qui eſt plus due aux actions qu'on voit, & qui dépendent de nous, qu'aux penchants qu'on ne voit pas, & qui ſont en quelque façon néceſſaires. Le

G 6   vieil

vieil Axiome qui dit, Que ceux-là se réjouïssent qui sont nez avec des Qualitez heureuses, s'accorde parfaitement avec ce Systeme : c'est-à-dire, qu'ils sont le bien facilement, parcequ'il leur coûte peu ; & que les autres ne le font gueres, parcequ'ils leur coûte trop. Avant que de quitter cet Article, il faut que je mette au jour une Idée que j'ai sur l'Education, seule Ressource naturelle pour corriger les vices, & donner des vertus aux Hommes. Ce ne sera, si vous le voulez bien, que pour l'ordinaire qui suit : en voilà assez pour celui-ci.

LETTRE VINGT-DEUXIEME.

JE vous ai dit dans ma derniere Lettre, que l'Education étoit le Moïen le plus naturel d'augmenter les vertus, & de diminuër les vices. Il ne doit pas suffire de le dire : il faut essaïer de le persuader. Je trouve d'abord, que ce n'est pas trop l'idée qu'on se propose dans l'Education ; ou, tout au moins, ne la suit-on gueres, si l'on se la propose. Je vois par-tout des Ecoles, où l'on montre à devenir sçavant ; d'autres, en plus petit nombre, où l'on apprend à devenir Chrétien, & Religieux : je n'en connois point, qui soit consacrée à acquérir des Vertus naturelles, à devenir Homme. Seroit-ce l'inutilité d'y travailler, ou seulement la difficulté d'y parvenir, qui en seroit cause ? Non. On croit que les Hommes se forment tout seuls, ou qu'en les rendant sçavans & religieux, on les

G 7 rend

rend ce qu'ils doivent être. Il n'y a qu'à voir combien il y a peu d'Hommes, pour être convaincu qu'on se trompe. Je n'oublierai jamais d'avoir entendu dire à un Homme admirable, & bien digne par ses Vertus naturelles & chrétiennes de décider sur cette matiére, qu'il y avoit plus de Saints, que d'Honnêtes-Gens. On sent assez, que, dans ce Discours, le mot de *Saints* n'est pas pris dans la rigueur, comme celui d'*Honnêtes-Gens.* Peut-être que si l'on prenoit une peine particuliere à former des hommes, on en viendroit à bout. Le sujet intéresse assez la République, pour en éprouver au moins la maniere. On ne l'a pas encore tentée. On ne sera pas obligé de la continuer: si l'on s'en dégoute, on sçaura bien-tôt ce qu'on doit en penser. Pour répondre à mon Idée, je suis obligé de faire quelques Suppositions, dont chacun se démontrera la vérité quand il voudra.

1. Nous naissons tous sans Idée; & notre Ame ressemble assez à une toile préparée à recevoir l'image qu'on voudra y tracer.

2. C'EST

2. C'EST par le canal des Sens, que nos premiéres Idées se forment dans notre Ame.

3. C'EST en partie sur ces prémieres Idées communiquées par les Sens, & en partie sur celles que nous donnent les prémieres Personnes avec qui nous vivons, (ce qui tient encore des Sens,) que nôtre Ame réfléchit elle-même, & se forme de secondes Idées, qui ne sont que le Résultat ou la Conséquence des prémieres.

4. LE Travail de notre Ame, toute notre vie, n'est qu'Acquisition d'Idées, Réfléxion sur celles qu'elle a déjà, & Conséquences tirées des unes & des autres, pour penser, agir, se conduire.

CES Suppositions, que je crois vraies, m'ont fait penser depuis long-tems, que nous sommes plus dépendans de la Matiere, que nous ne croïons ; que nous nous nuisons beaucoup, en nous spiritualisant comme nous faisons, & en dédaignant les secours mécaniques & matériels, que nous croïons, & qui sont en effet, inférieurs à la dignité de notre esprit.   LA

LA Nature a voulu vainement nous
le perfuader : nous nous roidiffons contre fes Leçons, que nous croïons fauffement humiliantes. La maniere, dont elle agit fur l'ame, & fur le corps,
nous humilieroit bien d'avantage, s'il
étoit queftion d'humiliation. La dépendance, où elle veut que l'ame foit
du corps toute la vie, mais fur-tout
dans l'enfance & dans la vieilleffe,
où cette dépendance eft cruellement
marquée, eft une Leçon, que nous ne
fçaurions trop étudier. C'eft nous
dire affez hautement : Servez-vous de
la Matiere même, qui vous eft unie,
pour vous élever à ce que vous voudrez de fpirituel.

JE defirerois donc, que, pour former un Homme, & il faudroit que ce
foin commençât prefque avec la vie,
on étudiât d'abord fon tempérament ;
qu'on l'aidât, ou qu'on le diminuât, felon qu'il feroit bon ou vicieux ; que,
pendant quelque tems, on laiffât-là
fon ame, pour ainfi dire, & qu'on
n'agît que fur la Matiere ; qu'on dé-
baraffât fes organes, qu'on les ren-
dît agiles ; qu'on adoucît, ou qu'on é-

paiffît

paiſſît le ſang, ſelon le beſoin ; enfin, que, pour arriver à ſon ame, on travaillât beaucoup ſur ſon corps. Et qu'on ne croïe pas, que ce ſoit-là un mauvais chemin : il me paroit impoſſible de faire une bonne Education, ſans égard à la Conſtitution matérielle du corps. C'eſt d'elle, qu'on doit apprendre ce qu'il conviendra, ou ne conviendra pas, de lui montrer. C'eſt ſur elle, qu'il faut ſe régler, pour avancer, ou pour différer, les Leçons qu'on lui fait. N'y auroit-il pas de la Folie à tourmenter un enfant pour une Science qu'il ne peut jamais acquérir ? D'où vient qu'on eſt à trente ans, ſans ſe connoitre aucune ſorte de talent ? Ce n'eſt pas qu'on n'en ait point : c'eſt ſeulement que ceux, qui doivent en juger, n'y ont rien vû, ni rien compris.

Le corps ainſi préparé doit encore ſervir à ce qu'on veut faire de l'ame ; puiſque c'eſt par les ſens qu'il fournit, qu'il faudra faire paſſer tout ce qu'on voudra tranſmettre juſquà elle. Afin qu'il n'y parvienne rien que d'excellent, garantiſſez les canaux
qui

qui doivent lui porter fa nourriture :
il n'y entrera que ce que vous y in-
troduirez par leur moïen. Si ces canaux font infectez, ils ne porteront
que des nourritures empoifonnées, qui
corrompront l'ame elle-même. Que
le bon, le beau, & le vrai, entrent
dans l'ame par tous les fens ; & vous
verrez bientôt ce qui en arrivera. Il
n'eft pas indifférent, à un certain âge,
de tout voir, & de tout entendre. Il
faut être bien affûré de la fanté de
quelqu'un, pour lui permettre tout ce
qu'il veut. Il y a un tems, où, pour
fe confirmer dans le bien, il faut voir
le mal, & le connoître. Quand on eft
à un certain âge, on ne perd plus fon
accent. L'efprit a le fien, qu'il ne perd
jamais, quand il a eu le temps de s'y
fortifier. Si c'eft un bien de pouvoir
quelquefois plier fon efprit à tout,
c'eft fouvent une preuve qu'il n'a
point de forme qui lui foit propre.
Je crains les variations, quand je trouve tant de docilité. On ne garentit
un bâtiment, que quand on a pu fçavoir, que les fondemens étoient foli-
des. Enfermez quelqu'un, qui n'a encore

core rien vû, & ne lui montrez pendant ce tems-là, que des objets charmants, ne lui faites entendre que
des fons harmonieux : quand il en
fortira, il ne fe méprendra point fur
ce qu'il verra, fur ce qu'il entendra.
Il en eft de même de l'efprit : s'il ne
peut fçavoir que ce qui lui eft trans-
mis par les fens, & que ces fens ne
lui tranfmettent rien que de bon, il
prendra l'habitude du bon, comme
les yeux & les oreilles ont pris
celle du beau & de l'harmonieux.
Les oppofitions, que peut apporter le tempérament à ces habitudes, ne s'étendent pas bien loin. Il
ne faut pas douter, qu'il n'en apporte, & qu'il n'ait quelques qualitez
bonnes ou mauvaifes, qu'on ne peut
changer; mais, elles font en petit nombre. Il en eft des tempéramens, dit-
on, comme des terres ; elles ne pro-
duifent pas toutes également : les u-
nes portent des fruits admirables, &
les autres du poifon. De même, les
tempéraments font néceflairement
des hommes bons ou mauvais, fpirituels ou bêtes. J'adopte cette com-
pa

paraifon, & je trouve la reſſemblance parfaite entre les terres, & les
tempéramens, quand ces derniers ſont
livrez à eux-mêmes, & qu'on ne prend
aucun ſoin de les cultiver. Il n'en eſt
pas de même de ceux qu'on travaille:
& la raiſon en eſt, que les terres ne
peuvent preſque pas acquérir, que
le travail qu'on y fait ne peut y apporter que des changements ſuper-
ficiels; au lieu que les tempéramens,
quelque matériels que vous les ſup-
poſiés, ſont imparfaits quand ils naiſ-
ſent, ont plus à acquérir qu'ils ne poſſedent, & qu'ayant beſoin d'accroiſ-
ſement, ils ſont néceſſairement ſuſcep-
tibles de tout ce qu'on voudra juſqu'à
leur entiere formation, après laquelle
il ne faut plus ſe flatter de pouvoir
les changer. C'eſt ſur cette derniere
Raiſon, qu'eſt fondée la néceſſité &
l'excellence de l'Education, qui met
peut-être encore plus de différence
entre les Hommes, que la Nature, dont
ils dépendent tous, n'en met elle-même. Que n'aurois-je point à dire
ſur ce Sujet, immenſe par lui-même,
& que les préjugés & les folies des
hom-

hommes ont encore augmenté. Vous êtes trop bon Entendeur, pour n'y pas ajouter vous-même plus que je ne ferois, quand les bornes que je me suis prescrites ne m'imposeroient pas silence. Adieu.

LETTRE VINGT-TROISIEME.

VOILA' donc le Tempérament
connu, par la couleur & la configuration dé la Matiere ; au moins
m'en flattay-je : & pourquoi le corps
humain feroit-il le feul Etre, dont la
combinaifon ne produiroit pas au
dehors des preuves de la qualité ef-
fentielle qui le domine ? Voilà auffi
le Caractere particulier d'un chacun
connu par le Tempérament même qui
en eft le Principe. Obfervons pourtant, que la configuration ou la conformation de la Matiere eft quelquefois oppofée au tempérament, quoiqu'ordinairement cette conformation
foit l'effet du tempérament. Cette oppofition, au refte, n'eft qu'accidentelle. Elle arrive, lorfqu'une caufe é-
trangere furvient, & empêche le tempérament d'avoir l'effet qu'il devoit
avoir, & qui eft un effet néceffaire.
C'eft cette oppofition qui nous étonne

ne, en confidérant certains hommes, chez qui nous trouvons des qualitez qui ne devroient pas naturellement fe rencontrer dans un même fujet. Il faut être éxercé médiocrement à la connoiffance des hommes, pour appercevoir cette opposition : peu font capables d'en découvrir la véritable caufe, qui, comme je l'ai dit, eft toujours étrangere. La brutalité des nourrices, les maladies de l'enfance mal conduite, les accidents qui environnent cet âge tendre, font les fources de cette opposition. Elle vient auffi quelquefois du fein même de la mere, où le cours ordinaire de la matiere & du tempérament de l'enfant a trouvé des obftacles à l'ouvrage qui étoit commencé, & que ces obftacles interrompent pour le refte de la vie. On peut raifonner de cette opposition à peu près comme on raifonne de la difformité qu'apporte un enfant, en naiffant borgne, boffu, ou boiteux, &c. Tel eft ftérile, par la raifon du monde la moins vraifemblable, quoique la plus vraie. Tel eft né avec des difpofitions à la vertu qu'il n'aura jamais :

fon

son tempérament, s'il eut eu lieu, l'y conduisoit ; il a trouvé en chemin des contrariétez, qui l'en éloignent pour toujours. Avouöns, que s'il y a une infinité de choses vraiment incompréhensibles, il y en a beaucoup, qui ne le sont que par notre faute, & que nous découvririons, si nous nous en donnions la peine. On convient, que les passions de l'ame s'annoncent sur le visage ; & l'on craint de convenir, que le Caractere dominant de quelqu'un puisse s'y découvrir. La seconde découverte est cependant bien plus facile & plus naturelle, que la prémiere. Il est ordinaire de se tromper sur les Passions qu'on croit découvrir, à moins qu'on ne soit déjà assûré du Caractere & de ses qualitez. On rougit sans conséquence, où un autre ne rougit qu'avec raison. Celui-ci anime simplement ses yeux de ce qui rend ceux de celui-là insensez. On ne peut raisonner sur les Passions, que par Principes : &, quand on y devine quelquechose sans être aidé du Caractere comme Principe de tout ce qui s'y fait,

on

on ressemble aux faiseurs d'Alma-
nachs, qui, seulement à force de prédire, prédisent vrai. Les regles générales sont bonnes, & les applications
souvent fausses : & elles ne sont fausses, que parce qu'on n'y veut point
d'exceptions. Les exceptions y sont
d'autant plus nécessaires, qu'elles sont
fondées sur la différence des Caracteres, entre lesquels il n'y en a pas deux
qui se ressemblent parfaitement.

J'ai dit plus haut, que les mêmes
passions n'avoient pas toujours les mêmes symptomes ; & je l'ai dit sur ce que
les tempéraments n'étant jamais absolument les mêmes, & les Caracteres
parconséquent ne se ressemblant pas,
où les passions pourroient-elles prendre leurs ressemblances parfaites entre elles ? Elles ne sont que la démons-
tration du Caractere, qui est l'effet du
tempérament : leurs symptomes doivent être différents, ayant différentes
sources.

Il faut bien convenir, que, dans
l'agitation que donnent les passions,
il y a des mouvements généraux, qui
se ressemblent dans la même espece

H   de

de paſſions : il y a en auſſi de particuliers, qui ne ſe reſſemblent point du
tout. Nous ne croïons pas, qu'il y ait
un grand mérite à deviner, qu'un homme eſt en colere, que la jalouſie le
dévore, &c. Nous n'en trouvons qu'à
deviner l'eſpece particuliere de ſa colere ou de ſa jalouſie ; qu'à prévoir,
qu'il ſera agité de l'une ou de l'autre
de ces paſſions, ſi telle ou telle choſe arrive ; juſqu'où ſes paſſions le porteront, & qu'elle en ſera la ſuite:
particularitez eſſencielles à la connoiſſance des hommes, & qu'on ne peut
découvrir, que par la connoiſſance
du Caractere. Plus un ſujet eſt obſcur,
& plus il a beſoin de Principes certains, qui l'éclairent. S'il y en a un
qui mérite ce titre, c'eſt celui dont je
parle. Pour peu qu'on s'en écarte, on
ne parvient à rien de poſitif : on fait
comme ces Pilotes, qui, n'aïant qu'u-
ne expérience vague, voïagent dans
des Mers qu'ils n'ont jamais connues,
& ne doivent qu'au hazard le ſalut
de ceux qu'ils conduiſent. L'expérience ne donnant que les connoiſſances
générales, on eſt obligé de recourrir
aux

aux particulieres, dont l'ufage eft rendu néceffaire à tout inftant, par la diverfité étonnante des Caracteres.
C'eft donc le Caractere, qu'il faut connoitre. N'oubliez pas ce Principe, fur
lequel roulera tout ce qui me refte à dire.

LET-

****

LETTRE VINGT-QUATRIEME.

VOUS vous plaignez de ce que je n'ai encore mis aucune différence entre les paſſions, & les inclinations: que ce qui ſe dit des unes ne peut pas ſe dire des autres: que la connoiſſance du Caractere pourroit bien conduire à celle des paſſions; mais, que les inclinations, qui ne ſont que paſſageres, n'ont aucun rapport avec lui. Expliquons-nous puiſque vous le ſouhaitez. Si par inclination vous entendez ce qu'on appelle penchant, je le ſoumets au Caractere, comme le mot même de penchant le ſignifie. Car, qu'eſt-ce qu'avoir un penchant pour quelque choſe, ſi ce n'eſt avoir en ſoi une diſpoſition à aimer ou à haïr tel objet? Et cette diſpoſition, que peut-elle être, qu'un effet du Caractere, un rapport ou une oppoſition entre le Caractere & l'objet, d'où réſulte néceſſairement ou l'amour ou l'averſion, & ce qu'on appelle in-
clina-

clination ou éloignement? En ce cas-là, je n'ay pas mal fait de confondre les paſſions & les inclinations, puiſqu'elles ont le même Principe, qui eſt le Caractere. La ſeule différence que j'y trouve, c'eſt, comme vous l'avez dit d'abord, que les inclinations, comme vous les entendez, ſont paſſageres, & les paſſions à demeure; que ce qui ne fait que paſſer, ne laiſſant pas le temps d'être examiné, il doit être difficile de juger des inclinations, quand même on pourroit bien juger des paſſions. J'ajoute, à votre Difficulté, une circonſtance que vous avez oubliée, & qui eſt celle-ci. Les inclinations, dans ce ſens, ne produiſent pas une grande agitation dans l'ame: ce défaut d'agitation dans l'ame prive le Viſage des ſymptomes qui pouroient nous conduire à la connoiſſance de ce qui ſe paſſe: & les inclinations, par cette raiſon, peuvent nous échapper; ce qui ne ſçauroit arriver aux paſſions, qui produiſent néceſſairement un mouvement violent dans l'ame, qui ſe fait ſentir au dehors. Toutes ces Objections, réünies

con-

contre moi, ne servent qu'à confirmer
le Principe que j'ai établi, qu'il faut
s'attacher beaucoup à la connoissance du Caractere, dont tout le reste dépend. N'est-il pas vrai, que, si nous
connoissons bien le Caractere, nous
sçaurons en détail de quoi il est capable? Nous devinerons assez juste
sur les objets qu'il doit aimer ou
haïr : & si nous ne sçavons pas toujours positivement qu'il aime ou qu'il
hait telle ou telle chose en tel moment, nous sçavons en général s'il
peut l'aimer où la haïr ; ce qui nous
dédommage de ce que le Visage ne
nous dit pas, & de ce qu'il nous diroit, si l'ame étoit assez agitée pour
y peindre son inclination.

Il y a, d'ailleurs, des inclinations
tellement liées aux passions, qu'on ne
peut connoître celles-ci, qu'on ne connoisse aussi celles-là : ce sont les ra-
meaux d'un même arbre, les divers
canaux d'une même riviere. Il y a
des Caracteres si naturels, & dans
lesquels les mouvements les plus lé-
gers se laissent apperçevoir si facilement, qu'il ne s'y passe rien qu'on ne
voïe,

voïe; & ce font ordinairement les meilleurs.

QUANT aux gouts, aux inclinations bizarres, dont on n'auroit pas ôfé foupçonner ceux qui les ont, il ne faut pas toujours efpérer d'en trouver la fource dans le Caractere, qui fouvent en eft bien éloigné. Le Caprice, & la Curiofité, menent à tout, font faire des épreuves, & des effais extraordinaires. A la vérité, quand le Caractere y eft oppofé, le goût & les inclinations de cette efpece ne durent pas, & méritent à peine de porter ce nom. Le Théatre de ces fortes de Bizarreries eft la Jeuneffe, que la chaleur du fang & l'ignorance déterminent à tout tenter. On ne doit redouter véritablement pour cet âge là, que les égarements dans lefquels on trouve quelque rapport avec le Caractere; fans quoi, ils tombent d'eux-mêmes, & ne font aucun progrès effenciel. Il y en a eû à qui ces tentatives ont coûté la réputation, la fanté, la vie même; & ceux-là en font trop punis. Le Monde, qui juge fuperficiellement des faits

H 4   qui

qui éclatent en ce genre, accuſent ſouvent mal-à-propos de Débauche des
gens qui n'y ont nul penchant, & que
la Curioſité ſeule a précipité dans le
malheur qu'on leur impute, & qui ſert
de Preuve au vice qu'on leur reproche. Il y a des malheurs de cœur,
comme il y en a de fortune: on n'eſt
pas quelquefois plus criminel par les
prémiers, que coupable d'impruden-
ce par les ſeconds.

On dit aſſez communément, qu'on
ne peut pas rendre compte de ſes
gouts. Croit-on excuſer par-là ceux
qui ſont mauvais? L'excuſe n'eſt pas
bonne. C'eſt faute de ſe connoître,
qu'on ne ſçait pas pourquoi l'on aime, ou l'on hait. Quoique l'un & l'autre ſoient néceſſaires en nous & in-
dépendants, il nous eſt libre d'en chercher les raiſons; & il eſt poſſible de
les trouver. On doit raiſonner des
goûts de l'ame comme on raiſonne
de ceux du corps. Ce n'eſt pas par fan-
taiſie, qu'on aime le doux ou le pi-
quant: c'eſt par raiſon de tempérament. Ce qui ſe dit du goût matériel
eſt encore plus vrai du goût ſpirituel:

il

il eſt fondé dans le Caractere ; & , quoiqu'en diſe l'Opéra, c'eſt par raiſon qu'on aime. Tous nos goûts ſont donc établis ſur des Principes certains : & comme ils ne different des paſſions , inclinations, & affections de notre ame, que par le plus ou le moins d'agitation que ces diverſes eſpeces cauſent au dedans & au dehors, je les ai confondues comme aïant toutes la même ſource, qui n'eſt autre que le Caractere. Il vient de m'arriver une Lettre ſur les Sympathies & les Antipathies , dont je vous rendrai compte l'ordinaire prochain.

✱✱✱ ✱✱✱✱✱✱✱ ✱✱✱✱✱✱✱✱✱✱✱

LETTRE VINGT-CINQUIEME.

O N veut, que les Sympathies, &
les Antipathies, ne foient que
des Caprices. On a tort. Veut-on
qu'elles foient abfolument indépendantes de nous? On n'a pas raifon.
Réduifons ces deux Opinions aux termes de la Vérité, & nous verrons-
là, ce qui arrive dans prefque toutes
les Difputes, que chacun a un peu
tort, & un peu raifon. Cet aveu, fi l'on
pouvoit le faire, termineroit bien des
Querelles. Il faudroit pour cela, que
les hommes euffent autant de docilité à avouër qu'ils fe trompent, qu'il
ont de facilité à fe tromper en effet.

ON ne peut nier, pour peu qu'on
ait d'ufage du monde, qu'il y a des
Sympathies, & des Antipathies, qui
ont leur fource dans le caprice, la bi-
zarerie, & la prévention : qu'aimer
ou haïr avec paffion dès la prémiere
vûe, & s'en faire enfuite une habitude, eft un air que fe donnent certaines
gens

gens. Il y en a même, qui croïent qu'on
leur fçait gré de cette précipitation
de fentiment, & qui aiment ou haïffent véritablement à la fin, à force de
s'être perfuadé l'un ou l'autre. L'Exemple, qui a tant de force fur les
hommes, emploïe ici fa contagion
ordinaire: il fuffit prefque de vivre
avec des gens, qui fe prennent ainfi
d'amour ou de haine avec vivacité,
foit naturellement, foit par artifice,
pour vouloir faire comme eux; &,
par imitation plûtôt que par goût, on
aime ou l'on hait à tout hazard. N'en
ai-je pas vû, qui, à force d'avoir lû
des Romans, & les furprifes amoureu-
fes qui en font tout le merveilleux,
efpérant aimer comme on aime dans
ces fortes d'Hiftoires, fe livrent avec
fureur au prémier objet qui fe préfente, fans confulter leur cœur, &
croïent fermement, que cet objet
eft celui qui leur eft deftiné. Je ne
parle point de ces petites délicateffes, établies pour marquer mieux la
fenfibilité ou la timidité; & qui ne
fervent qu'à mafquer la force & la
hardieffe véritable. Il y a un mon-

H 6   de

de, chez qui il seroit ignoble de n'aimer & ne haïr que ce qu'on doit aimer ou haïr raisonnablement. Laissons aux Critiques du Siécle un champ si digne d'eux, & qui s'agrandit tous les jours. Avouöns, qu'il y a des Sympathies, & des Antipathies, qui ne sont telles, que parcequ'on le veut bien. Disons aussi, qu'il y en a, qui sont indépendantes de nous, & que nous éprouvons malgré nous. De ces dernieres, il y en a de plusieurs sortes: les unes sont fondées sur le tempérament, & tiennent tout de lui; & les autres n'y sont qu'accommodées, & auroient pû n'être pas.

J'APPELLE Sympathies, & Antipathies, fondées sur le tempérament, celles que produit la conformité ou la contrariété des temperaments, qui, exhalant sans cesse au dehors des esprits qui les représentent, s'unissent ou ne s'unissent pas, selon qu'ils en rencontrent de conformes ou d'opposez. Ces esprits, qui sortent continuellement, conservant pendant quelque temps une sorte de liaison avec ceux qui restent, leur annoncent en
quel-

quelque maniere la rencontre qu'ils
ont faite, & les décident machinale-
ment à approcher ou à fuir l'objet
qui se présente. Ce n'est pas à
dire, que cette prémiere Sympathie
ou Antipathie soit toujours suivie.
Elle est plus ou moins forte, dépendamment du plus ou du moins de
conformité qui l'établit. Quand elle
l'est peu, la réflexion vient au secours
de cette mécanique, & réforme
quelquefois ce qui avoit été fait; d'où
il arrive, qu'on aime ceux que d'a-
bord on n'avoit pû souffrir, & qu'on
hait ceux qu'on avoit d'abord aimez.
On se repent aussi de n'avoir pas é-
couté ce prémier penchant, ou cette
prémiere aversion; mais, quoiqu'il
puisse en arriver, il n'est pas juste, que
notre ame souscrive en aveugle à ce
que la matiere exige: elle doit examiner au moins ce qu'on lui demande,
avant que de se déterminer à l'accorder.

Il y a encore des Sympathies, &
des Antipathies, fondées sur le tempérament ; & ce sont celles qu'on
prend pour des viandes qui sont, ou

con-

conformes ou oppofées à notre conftitution. Il n'eft pas douteux, qu'il
ne faille d'abord chercher à les vaincre. Il eft dangereux d'y apporter de
la violence: il eft même néceffaire
de les abandonner, quand, après des
épreuves réïtérées, on n'a pû en venir
à bout. Ces efforts inutiles pour ce
qu'on fe propofe peuvent devenir
très nuifibles à la fanté, qui eft préférable à la commodité de n'avoir, ni
goût, ni averfion, marqués pour aucun mets. Combien de gens ne peuvent vivre en certains climats, &
acquiérent de la fanté en d'autres?

Quant aux Sympathies, & Antipathies, qui ne font pas fondées fur le
tempérament, & qui s'y accomodent,
c'eft l'exemple qui les fait naître, l'habitude qui les éleve, & l'éducation
qui les perfectionne. Il y a des Caracteres indécis, qui prennent ce qu'ils
trouvent, ou qui fuïent ce qu'ils n'a-
voient pas encore vû, fans autre raifon. La conformité dans la façon
de penfer, & dans l'humeur, forme
autant de liaifons, que la différence
de ces mêmes chofes forme déloigne-
mens.

mens. Le prétendu Je - ne - sçais - quoi, qu'on ne peut exprimer, est une chimere, que les hommes se sont formée pour satisfaire leur amour du merveilleux, qui se trouve par - tout où ils ne voyent pas clairement la raison de ce qu'ils font. C'est peut - être leur rendre un mauvais service, que de les éclairer là où leur Ignorance leur est si chere. Nous n'avons point d'attraits ou d'aversion naturelle, qui ne soit fondée dans quelque Principe : il y auroit à parler long - tems, si l'on vouloit les discuter tous. Il se fait en nous une infinité de choses, sans que nous y pensions : & nous aurions bien honte quelquefois, si nous nous demandions raison de ce qui s'y passe. Telle personne a intérêt de mettre sur le compte du Je - ne - sçais - quoi un attrait dont elle rougiroit de révéler le Principe, qu'elle ne peut ignorer. Pour ramener ce que nous avons dit à notre Sujet, concluons, que, si l'on connoissoit mieux les Physionomies, on seroit bien-tôt éclairci sur ce qu'on appelle Sympathies & Antipathies. On ne

seroit

seroit pas séduit par les apparences, on ne s'engageroit pour rien au monde à passer sa vie avec des gens qu'on ne doit pas pouvoir souffrir, on ne verroit pas ces unions bizarres, qui ne réüssissent jamais, & dont le Poëte a attribué la cause au caprice de Venus, qui se plaît à unir des cœurs aussi opposez que leurs figures. *Sic visum Veneri, cui placet impares formas atque animos sub juga ahenea sævo mittere cum joco.* Enfin, dans les Sympathies, & les Antipathies, il entre plus de sensations; & les sensations font peut-être ce qui se fait en nous le plus indépendamment de nous. Adieu.

LETTRE VINGT-SIXIEME.

VOUS attendiés donc de moi un détail circonſtancié de tous les tempéraments, pour en tirer les divers Caracteres, qui me fourniroient eux-mêmes les Portraits de toutes les paſſions bonnes & mauvaiſes qui les ſuivent. Comment avez-vous pu vous l'imaginer, perſuadé mieux qu'un autre de l'impoſſibilité de ces Peintures, qui ſont infinies ? J'ai dû me contenter de vous mettre ſous les yeux leurs liaiſons, &, pour ainſi dire, leur Généalogie : les Tempéraments produiſent les Caracteres, & les Caracteres les Paſſions. Voilà ce que je me vante d'avoir rendu ſenſible. Il eſt queſtion de ſçavoir à préſent comment, par la ſeule Inſpection du Viſage, on peut juger des hommes, ce que j'ai dit ſe connoître en Phyſionomies. Ne perdons pas de vûe les Principes que j'ai établis, ſans leſquels je vous parlerois une Langue étrangere. Ariſtote

a

a dit, que les principaux fignes, qui
peuvent aider à la connoiffance des
Phyfionomies, fe manifeftent fur le
Vifage; & ne croyez pas qu'il l'ait dit
fans raifon. N'eft-il pas vrai, que,
dans toutes les agitations, les efprits
animaux accourent au Vifage en plus
grande quantité qu'aux autres parties
du corps, & y font des impreffions
plus fenfibles? Vous en convenez.
Je veux que l'expérience feule ne vous
fuffife pas, & que vous fçachiés pourquoi cela arrive. C'eft que les fens
font placés fur le Vifage, & que ces
fens aïant befoin des plus grands canaux par où les efprits doivent abon-
damment & facilement couler, il
n'eft pas étonnant, que, dans les mouvements qui arrivent au corps, ces efprits fe portent au Vifage par préférence, y trouvant une plus grande facilité à couler, & étant plus accoutumez
à s'y porter, par l'ufage continuel où
font ces mêmes fens de les y appeller, & par le befoin qu'ils en ont.
Il faut vous dire encore une chofe fur
laquelle vous n'avez peut-être jamais
réfléchi: c'eft que la peau du Vifage

ge est d'une constitution particuliere,
qui ne se trouve point ailleurs. Par-
tout, la peau est séparée de la chair :
sur le Visage, l'une & l'autre sont tellement unies, qu'on ne peut les séparer sans les déchirer ; ce qui rend la
peau du Visage en quelque façon
transparente, & plus propre à recevoir les diverses couleurs qui sont
excitées par les différents mouvements qui arrivent, & à nous les peindre au dehors. Le Visage est encore le Siége des Yeux, & de plusieurs
autres parties, qui, étant dans une agitation presque continuelle, nous obli-
gent de recourir au Visage qui les ren-
ferme, plutôt qu'à celles qui sont cachées, & dont nous ne pouvons presque juger, que par proportion. C'est
donc sur le Visage préférablement,
qu'on doit juger de l'homme, parce
que c'est sur le Visage qu'il étale plus
clairement son Tempérament, son
Caractere, & parconséquent ses Passions. Entre ceux, qui révoquent le
plus en doute la vérité des Physionomies, il n'y en a point qui ne recon-
noissent, qu'en certains momens, ils
ont

ont jugé de ce qu'ils devoient demander ou répondre par ce qu'ils dé-
couvroient fur le Vifage de la perfonne à qui ils avoient affaire.
Je fçais qu'on me dira, qu'il y a des
mouvements violents, dans lefquels,
à la vérité, l'ame fe peint fur le Vifage, & fe laiffe voir ce qu'elle eft;
mais que, hors ces grands mouvements qui font rares, on n'y voit rien:
que la Phyfionomie étant de tous les
tems, des plus tranquilles comme des
plus agitez, on ne peut rien conclure
de leur aveu en faveur de mon Syftême. L'Objection peut paroître affez
bonne pour mériter une Réponfe. Si,
comme ils veulent bien l'accorder,
l'ame fe peint fur le Vifage dans les
grandes agitations, & qu'on y life ce
qui s'y paffe, je leur demande comment ils font alors pour voir cette
Peinture, comment ils lifent dans ce
Livre? Ils ne manqueront pas de me
répondre, qu'ils fçavent plutôt que le
fait eft tel, qu'ils ne fçavent comment
il arrive. Je vais tacher de leur apprendre de quelle maniere tout cela
fe développe, à condition que j'en
con-

conclurai, qu'on peut auſſi-bien juger de l'ame dans ſa tranquillité, que dans ſon agitation. Quand l'ame eſt agitée, les eſprits animaux ſont dans un mouvement violent & forcé, qui donne au Viſage une telle couleur, qui agrandit ou qui retrécit tellement les traits, qu'on s'apperçoit aiſément, qu'il y a quelque-choſe d'extraordinaire. Je dis plus encore : ce changement de couleur, & ce défigurement de traits, varient eux-mêmes, ſelon les diverſes paſſions qui produiſent cette agitation : &, ſur la connoiſſance de ces diverſes paſſions, on n'a pas beſoin d'inſtruction ; chacun ſçait aſſez à quoi s'en tenir : il n'y a que les gens ſans expérience, qui puiſſent y être trompez. L'amour heureux n'eſt point confondu avec l'amour malheureux, la jalouſie avec la vanité, la haine avec le dépit, & ainſi du reſte. Ce que je veux conclure, c'eſt que, entre l'ame agitée, & l'ame tranquille, il n'y a d'autre différence que celle d'un plus grand mouvement de la part des eſprits dans l'un que dans l'autre état : que, quelque tranquille qu'on

puiſſe

puiſſe ſuppoſer l'ame, elle agit toujours au dehors, par le mouvement
des eſprits qui en donnent eux-mêmes à tout le reſte du corps: qu'il
n'y a, entre l'ame agitée,& l'ame tranquille, que plus ou moins de mouvement des eſprits: que ces eſprits ſont
toujours les mêmes, dans tous les é-
tats de l'ame: qu'ils portent toujours
avec eux l'empreinte du tempérament dont ils ſont formez: & que,
néceſſairement, il colorent le Viſage,
& ils en figurent les traits, comme il
leur eſt donné de faire l'un & l'autre par la nature du tempérament qui
les produit. Ajoutons encore, pour
rendre plus ſenſible une Vérité qui ne
peut l'être trop, que l'habitude d'u-
ne paſſion, qui ne peut pas ne pas a-
voir tel ou tel mouvement marqué,
en laiſſe une trace ſur le Viſage. A
force de colorer un Viſage de telle
maniere, de figurer les traits de telle façon, la couleur & les traits y
reſtent gravez, & avertiſſent ceux,
qui les connoiſſent, de ne pas s'y méprendre; que, toute tranquille que l'a-
me paroiſſe, alors elle à l'habitude de
la

la paffion que fon Vifage indique.
Les Yvrognes de profeffion paroiffent
ce qu'ils font, lors même qu'ils n'ont
pas bû. Combien y a-t-il d'autres vices
groffiers, qu'on démêle fans beaucoup de pénétration dans les Yeux
& fur le Vifage des perfonnes qui en
ont l'habitude, fans qu'on ait eû occa-
fion d'en voir les effets. Ce que tout
le Monde apperçoit dans ces Caraĉte-
res, qui ne font que trop fenfibles,
les Phyfionomiftes l'apperçoivent
dans des Paffions plus fines, moins ordinaires, & qui ne portent pas tant
d'indication avec elles. Dans les
Arts, ce qui eft parfaitement beau
frappe tous ceux qui le voïent : il n'y
a que les Connoiffeurs, qui faififfent
les Délicateffes, & qui fachent à l'Ar-
tifte tout le gré que fon habileté mérite. Les paffions agiffantes paroiffent aux yeux de tout le monde : il
n'y a que les Phifionomiftes, à qui l'Art
de les découvrir appartient, qui les
connoiffent dans le temps de leur plus
grande tranquilité. Tous les Voïa-
geurs nous affurent un Fait fingulier,
& que notre répugnance à croire
n'em-

n'empêche pas d'être vrai. C'eſt que les Sauvages, non ſeulement ſuivent un homme à la piſte pluſieurs lieues de ſuite, mais diſtinguent encore, par la fineſſe de leur odorat de quelle nation il eſt. Ils ajoutent, & des François, qui s'étoient trouvez dans ces païs-là, me l'ont atteſté, que leur vûe eſt d'une telle étendue, que, ſur les rivieres, ils voïent un Canot, qui vient à eux, demi-heure avant que les Européans puiſſent s'en douter. Diſons, par comparaiſon, de ceux qui ſe ſont exercés à examiner les Phiſionomies, que leurs yeux apperçoivent des mouvements, & des traits, que les autres ne voïent point; que ces mouvements, & ces traits, les mettent en état de juger de beaucoup de choſes dont ils ont les indications aſſurées. Il m'eſt arrivé quelquefois d'être en peine de ce qui ſe paſſoit ſur mon Viſage, & d'apprendre avec une ſorte de joie, qu'on n'y avoit rien apperçu. Ce n'étoit pas alors la faute de mon Viſage : c'étoit celle des yeux qui me regardoient. Concluons de-là, que nous

pou-

pouvons nous tromper fur les Phyfionomies, & que les Phyfionomies
ne peuvent nous tromper. Je prévois
toutes les Queftions, que vous avez
envie de me faire ; & je vais tâcher
d'y répondre.

LETTRE VINGT-SEPTIEME.

IL m'arriva hier une Avanture, qui vient à merveille à la fuite de ce que je vous mandois dans ma derniere Lettre. Je faifois le Spectateur aux Thuilleries, à ma maniere : je repaiffois mes yeux de cette multitude étonnante d'Objets, qui s'y raffemblent pour fe voir. Je riois de tems en tems, en moi-même, des Découvertes, que je croïois faire, lorfque je fus interrompu par quelqu'un de ma connoiffance, qui m'aborda en me félicitant du Plaifir que je devois avoir de me trouver au milieu de tant de Vifages. Je répondis à fon compliment ; & je fus obligé de lui faire part de quelques-unes des idées qui m'étoient venues à propos de ce que je voïois. Comme nous marchions en caufant, il fe préfenta devant moi un grand Homme, qui y fut arrêté quelque tems, par la foule qui l'empêchoit d'avancer. J'eus le loifir de l'envifager, & de

dire

dire à celui avec qui j'étois: Voilà
un Homme, que je ne vous conseille
pas de coudoïer: il se facheroit cer-
tainement; & je le crois fort colere,
ou toutes mes Regles sont fausses. Je
ne sçais, si cette Physionomie lui
plût, ou s'il vouloit disputer: il me
défia de lui apporter des preuves de
ce que je disois. J'acceptai le défi:
je voulus qu'il le revît encore une
fois; afin qu'il ne me contestât pas
les traits, que je pourrois lui citer.
Nous le rejoignimes; &, quand il l'eut
assez examiné, nous raisonnames.
Ma Preuve étoit celle-ci: Vous sçavez, lui disois-je, l'Air qu'a un Homme en colere. Or, je prétens que l'Homme en question a cet Air-là, quoiqu'il n'y soit pas; & je conclus, qu'il
étoit colere. Il insistoit beaucoup
sur cette Conséquence: il ne pouvoit
convenir, qu'on eut habituellement
la passion dont on a l'air. Il n'étoit
pas éloigné d'avouër, que véritablement ce Visage avoit l'air de la colere: il s'opiniatroit seulement à ne
lui pas reconnoître une habitude de
colere. Nous en vinmes à de grandes

I 2 Dif-

Differtations, qui vous ennuiroient,
& dont voici le précis. Qu'eft-ce,
lui difois-je, qui donne l'air qu'a
un Homme en colere? C'eft la déter-
mination d'une certaine quantité &
qualité d'efprits vers certains endroits du Vifage, qui l'enflamment &
le colorent, qui en changent les
traits; qui, par la précipitation, avec
laquelle ils arrivent, caufent du trem-
blement à quelques parties du Vifage, & enflent les autres. Il ne
pouvoit le nier. Qui auroit donné,
ajoutois-je, au Vifage de cet Hom-
me-là, la couleur, les traits, & les
altérations, que vous y voyez comme
on les voit dans la colere, fi ce n'é-
toit pas le Principe même de la colere? Et pourquoi ce Principe y feroit il fans Action? Comment auroit-
il agi fi efficacement fur ce Vifage,
s'il eût été oifif? D'ailleurs, ce n'eft
que par des Actes réïtérez & fré-
quens de colere, que fon Vifage en
a pris l'air à ne pouvoir pas me tromper. Il a pu fe faire, que, dès fa jeuneffe, fon fang, & les parties qui le
compofent, aifés à s'enflammer par
la

la colere, ont contribué à la formation de fon Vifage tel que nous le
voïons. Peut-être auffi ne feroit-il
pas ce qu'il eft aujourd'hui, fi, s'é-
tant moderé & accoutumé à fe vaincre de très bonne heure, il s'étoit
corrigé. Car, ne croïez pas que je
veuille, qu'on ne puiffe même naturellement fe corriger d'une paffion,
que le tempérament femble avoir dé-
terminée. Ce qui n'eft que trop vrai,
c'eft qu'on peut nous corriger plûtôt
que nous ne pouvons nous corriger
nous-mêmes, fi l'on attend que nous
aïons affez de Raifon pour connoître
notre défaut. Notre Raifon arrivera
trop tard, & la paffion aura déjà
pris une telle force, qu'elle nous fera
plûtôt gémir de notre captivité, qu'elle ne nous aidera à nous en tirer. Je
n'avois pas encore gagné ma Caufe,
fur l'efprit de mon Ami, lorfqu'on
vint nous dire, que ce même Homme, en fortant des Thuilleries, avoit
troùvé un Garde de la Connétablie,
qui avoit ordre de le fuivre jufqu'à
ce qu'on eût accommodé une Affaire
qu'il avoit avec un Officier de fon

I 3   Ré-

Régiment. Je me fis conter l'Histoire; & il se trouva, que l'humeur colere de notre Homme avoit donné
lieu à la Dispute. Je vous laisse à
penser, si je fus flatté d'avoir deviné. Je n'eus pas besoin de me faire
valoir : mon Ami reconnut son tort;
& m'assura, qu'il ne disputeroit jamais avec moi, sur une matiere, où
je lui paroissois plus habile que lui.
Nous fimes encore quelques tours
d'allée ensemble, avant que de nous
séparer : nous nous promimes de
nous retrouver le lendemain au même endroit; il prend goût à m'entendre dire mes folies. Au reste, ce
que j'ai avancé sur la colere, je le
dirois de toutes les passions, bonnes
ou mauvaises. C'est une façon de juger des Physionomies, que je crois
juste, & que je ne fais nullement entrer en comparaison avec une autre
qu'Aristote a donnée, & qui peut
être vraie quelquefois: il l'appelle la
Regle des Contraires. Si vous voïez
quelqu'un, dit-il, avec un air mo-
deste, & qu'après l'avoir examiné
vous aïés jugé que sa figure disoit
vrai;

vrai; quand vous verrez un Viſage
oppoſé à celui-là, n'héſitez pas à
juger, que celui qui le porte eſt un
Homme vain.

Il eſt vrai qu'Ariſtote ne donne
pas cette Regle pour infaillible: il
la préſente, avec une foule d'autres
meilleures, comme pouvant être
d'uſage; & elle l'eſt quelquefois. A
propos de cela, j'ai trouvé ici quelqu'un, dont j'augure bien mal. Il
ſemble que la Nature a pris plaiſir
à lui faire un Viſage préciſément, &
trait pour trait, oppoſé au vôtre. Je
lui ai donné le nom d'Anti. . . . . .

LETTRE VINGT-HUITIEME.

JE fuis enchanté de ce qui vient de m'arriver. J'ai appris à un Homme, qui a beaucoup d'Efprit, & qui eft en âge de fe connoître, que je le connoiffois beaucoup mieux, qu'il ne fe connoiffoit lui-même : il en eft véritablement furpris. Je l'ai fait convenir, qu'il feroit auffi heureux de vivre avec des Gens, qui le connoiffent, qu'il eft malheureux de vivre avec d'autres. Il pourroit bien dire à tous ceux qui le voïent : Que ne me connoiffez-vous donc ? Je n'ai jamais caché ce qui fe paffe chez moi. Les Hommes, accoutumez à la diffimulation, n'y regardent pas de fi près, & prennent pour fimplicité tenant de la bétife, ou pour une efpece particuliere de fauffeté, la franchife avec laquelle il s'explique fur tout ce qui le regarde. Il fe méprife quelquefois jufqu'à avoir befoin qu'on

le

le louë, pour l'encourager. Il eſt
vrai, qu'il ſaiſit alors les louänges
qu'on lui donne, comme s'il n'avoit
voulu que s'en attirer, & avec une
ingénuïté, qu'on ne peut blâmer: il
fournit lui-même la matiere de ſon
éloge. Il eſt jaloux qu'un autre ait
de l'Eſprit, & il eſt le prémier à
louër l'Eſprit qui excite ſa jalouſie. Il n'eſt pas nouveau, que, capable d'aimer ſes Amis, il le ſoit auſſi
de les oublier; mais, il l'eſt beaucoup, que, de ce parfait oubli, il par-
te pour les ſervir avec une vivacité
qui ſemble être l'effet, & comme le
fruit, d'une conſtance, qui ne cherche qu'à ſe couronner avec éclat. Il
a une délicateſſe en amour, qui va
juſqu'à ſacrifier ſans peine ce qu'on
appelle ſes plaiſirs groſſiers : & ſon
Imagination eſt ſi vive, qu'elle s'é-
puiſe elle-même, & qu'il eſt quinze
jours ſans penſer à ce qu'il vient
d'aimer, & à ce qu'il va aimer de
nouveau avec fureur, dès qu'elle aura
repris des forces. Il ne ſoupçonne
ſeulement pas ſon tempérament de
le mener, quoique ce ſoit ſon guide:

le

le plus ordinaire. Il se déffie beaucoup de son Esprit, sans avoir jamais éprouvé, qu'il lui ait manqué
dans l'occasion. Quand il triomphe,
il est presque insultant; mais, c'est
plus pour s'en assurer lui-même, &
ceux qui l'écoutent, que pour faire
de la peine à son Adversaire. Aïant
mille qualitez aimables, il craint si
fort d'en manquer, qu'il lui arrive
souvent de ne pas s'en croire une.
On ne penseroit jamais, qu'avec une
facilité à s'amuser de tout, il s'ennuie
aussi de tout; & que, pouvant être
heureux fort aisément, il soit peut-
être un des hommes le moins fait
pour l'être. Il y a des jours où il est
étonné de ne pas plaire, & d'autres
où il est assûré qu'il ne plaira pas. Il
dit volontiers, qu'il est laid; mais, il
n'en croit rien: & l'on voit bien,
que ce n'est que pour se faire dire,
que sa figure est passable. Il est si
peu né pour tromper, que son amour-
propre, même quand il y est intéressé, ne peut le sauver d'être décou-
vert. Il adoreroit quelqu'un chez qui
il trouveroit les qualitez de l'esprit

& du cœur qu'il possede ; & je crois
fermement, que je l'estime plus qu'il
n'ose s'estimer : il ressemble assez à
ces Bergeres, qui ne sçavent pas encore qu'elles sont belles. Si nous
étions au tems imaginaire d'Astrée,
il y figureroit mieux, qu'il ne fait à
présent. Je crains qu'il ne réüssisse à
rien, ayant de quoi réüssir à tout. Il
ne lui manque qu'une occasion, pour
devenir le plus malheureux des hommes ; & je suis bien trompé, si ses
vertus ne l'y menent pas incessam-
ment. Il se sçait tant de gré de faire de belles actions, qu'on le croiroit
capable de chercher à en faire : il
n'y pense seulement pas. Né vertueux,
il ne se donne pas la peine de le paroître par sa conduite : le voit qui
peut. Il n'est pas plus vif à profiter
des circonstances heureuses, qu'à prévenir les malheureuses : ce sont-elles,
qui le mettent en œuvre, comme il
leur plaît. Il n'a acquis, ni vice, ni
vertu, depuis qu'il est au monde :
c'est un vrai Tableau où la Nature se
joue ; il représente les divers rolles,
qu'elle lui donne, avec une vérité &

une

docilité finguliere. Il croit être le
perfonnage qu'il repréfente: il n'eft
pas étonnant, que les Spectateurs y
foient trompez, & le croïent auffi.
Je l'ai vû fucceffivement dévot, li-
bertin, ftudieux, pareffeux, vif,
indolent, tendre, infenfible: &, dans
ces divers états, fe bien promettre de
n'en fortir jamais; ne penfant pas
même, qu'il fût poffible d'être autrement, excepté quand il eft dévot.
Comme il y a des jours qu'il n'aime
perfonne, il y en a auffi où il fe hait.
Il parle alors de fes défauts, avec une
indignation dont il n'eft pas capable
à l'égard des autres: il fait l'énumé-
ration de fes paffions, les divers dégrés où elles font chez lui, leur fub-
ordination entre elles. Qui auroit la
cruauté d'en convenir le mettroit au
defefpoir. Il me remercie fouvent de
ce que fes défauts ne m'empechent
pas de l'aimer: je le lui rends bien,
en l'affurant que fes graces font oublier fes défauts. S'il n'a pas trouvé
d'Ami plus commode que moi, je n'en
ai point connu de plus naturel &
de plus aimable que lui. Il a une qua-
lité-

lité rare, qui eſt l'impoſſibilité morale de tromper quelqu'un. Il ne connoit le crime, que par l'horreur qu'il
en a. On ne ſçait à qui s'en prendre
s'il a des défauts, ni à qui ſçavoir
gré de ſes vertus : je le regarde comme
une de ces Productions de la Nature,
que j'admire ſans m'informer du principe qui l'a fait naître. Il vous amu-
ſeroit autant que les Collines de....,
que vous regardez comme un Chef-
d'œuvre, quoiqu'elles ſoient inani-
mées. Il vous donnera, ſi vous voulez, une Atteſtation, que je lui ai dit
tout ce que je vous écris, avant que
de le pouvoir connoître autrement
que par ſa Phyſionomie.

LETTRE VINGT-NEUVIEME.

CEUX, qui demandent des Exemples, ont raiſon, & je n'ai pas tort de leur en refuſer. Suggérez-moi un moïen de les ſatisfaire, vous qui croïez leur demande ſi juſte: &, pour peu qu'il ſoit convenable, je m'en ſervirai. Que puis-je faire de mieux, que de démontrer la poſſibilité des connoiſſances Phyſionomiques? Veulent-ils, que, pour les contenter, je leur diſe les ſignes qui dénotent les paſſions? Ne leur ay-je pas déjà dit, que ces paſſions étant infinies, les ſignes qui les déclarent le ſont auſſi? Prétendent-ils, que je leur dépeigne trois ou quatre Viſages de leur connoiſſance, & que j'aſſigne à chaque trait ſa bonne ou ſa mauvaiſe qualité? Qui m'a répondu, que ceux, qui portent ces Viſages, en ſeront bien aiſes? La fureur des hommes n'eſt-elle pas de vouloir, qu'on les croïe parfaits? D'ailleurs, ſe figurent-ils

que

que cette découverte leur serviroit
beaucoup? Ils s'attacheroient à quelques traits caractérisés : & ils s'ima-
gineroient, dès qu'ils les apperce-
vroient bien ou mal, seuls ou accompagnés, dans quelqu'autres hommes, qu'ils pourroient en tirer les
mêmes conséquences ; ce qui les meneroit d'erreur en erreur, & les ren-
droit les gens les plus incommodes
dans le commerce de la vie. Car,
encore une fois, il n'y a point de
couleur qui ait autant ou plus de dégrés, qu'une passion, une vertu,
une bonne & une mauvaise qualité, en ont. L'Amitié ne se ressemble pas chez deux personnes, non
plus que l'intérêt, la vivacité, la pa-
resse, & toutes les autres habitudes
de l'Ame. Aussi n'y a-t'-il pas deux
hommes, dont les traits & la couleur du Visage soient parfaitement
les mêmes. Ce n'est pas à leur Ame,
que deux hommes vifs doivent la
différence qui se trouve dans leur
vivacité ; puisque nous avons suppo-
sé avec assez de vraisemblance leurs
Ames égales. C'est donc à leur tempérament,

pérament. Auffi eft-ce ce tempérament différent, qui les a colorez &
figurez différemment : & c'eft de ces
coloris & de ces traits qui font fes
ouvrages , que je tire la connoiffance dont je parle, & la différence que
je donne à leur paffion , qu'on croiroit la même, & qui ne l'eft pourtant pas. Faites toutes les recherches
qu'il vous plaira, & vous ne trouve-
rez jamais la même paffion dans
deux Sujets, à moins que vous ne
trouviés deux Sujets parfaitement
reffemblans par le tempérament, &
tous les accidents du tempérament ;
ce qui eft introuvable. Les Docteurs
en Morale n'ont prefque jamais apperçu cette Vérité. J'en juge par les
Préceptes vagues & généraux, qu'ils
ont donnez pour l'Acquifition des
Vertus, & l'Extinction des Vices.
C'eft un effet du hazard, fi ce qu'ils
difent convient effectivement à quelqu'un. Je fçais que, pour s'excufer, ils
alleguent la multitude à qui ils ont
affaire : & pourquoi parler à la multitude ? J'aimerois mieux parler à
dix ou douze perfonnes efficacément,

qu'à

qu'à cent mille inutilement. Cet
Abus a deux Principes : le prémier,
la difficulté de difféquer , pour ainfi
dire, toute la nature d'une paffion,
d'affigner à chaque efpece, & même
à chaque dégré, fon contraire : le
fecond, la facilité qu'on trouve à parler en général fur le cœur & fur fes
paffions. Il n'y a prefque qu'à raffem-
bler les penfées, & les réfléxions
des autres : par ce moïen aifé, on fe
voit, fans avoir rien approfondi, &
fans être utile à perfonne, érigé en
Maître & en Docteur des Paffions.
Socrate, qui a peut - être été celui des
fages Païens, qui a vû le plus clair
dans le Cœur humain, ne s'eft défendu
d'écrire fur ce Sujet, que parcequ'il
avoit apperçu combien il étoit difficile de donner des Regles, qui ne font
fages & dignes d'être publiées, qu'autant qu'elles font praticables & capables d'avoir leur effet. Ariftote a dit
un Mot, qui vaut feul un Livre en ce
Genre, lorfqu'il a avancé, que les
Caracteres étoient les Caufes des Actions. Si ceux, qui ont écrit fur les
Paffions, l'avoient médité, ils y auroient

roient trouvé, ou le moyen de faire
de bons Traités, ou ne se seroient
pas hazardez d'en faire de mauvais.
C'est à ce défaut de connoissance des
Passions, qu'il faut attribuer l'injustice
générale, qui nous fait exiger des
autres les mêmes vertus que nous
possédons, & leur pardonner nos
vices. Un pere veut que son fils
lui ressemble : il ne lui reprochera
jamais les défauts qu'il a lui-même.
Les gens qui aiment trouvent qu'on
n'aime point, quand on n'aime pas
comme eux. Il n'y a pas jusqu'aux
Ambitieux & aux Avares, qui ne
trouvent à redire à l'Ambition, & à
l'Avarice des autres, parce que ces
passions ne se ressemblent point chez
ceux où elles regnent. On croit
avoir bien défini un vice & une vertu, quand on les a peints comme
on les connoit par l'expérience qu'on
en a; & l'on se trompe. On riroit
d'un homme, qui, aïant reconnu une
terre propre à la production de certains légumes, s'imagineroit que
toutes les terres doivent avoir cette
même qualité. L'on ne rit pas de
celui

celui, qui se contente de définir une passion comme il la sent, sans s'embarasser comme la sentent les autres. Rien ne fait mieux voir, que, de toutes les Etudes que nous faisons, celle des Hommes est toujours celle que nous cultivons le moins, quoiqu'elle soit la plus nécessaire.

LET-

LETTRE TRENTIEME.

J'AI beau me défendre d'apporter des Signes, qui servent à l'Application de mes Principes, par la raison qu'ils sont infinis ; vous revenez à la charge : &, sous prétexte, que mes Principes, tout certains qu'ils sont, deviendroient inutiles, sans les Signes qui en déterminent l'Usage, vous exigez que je vous en indique un certain nombre. Vous me faites faire-là la chose du monde, qui me répugne le plus. Vous êtes accoûtumé à me commander, & moi à vous obéïr : nous ne nous en sommes pas encore repentis, ni l'un ni l'autre ; voïons jusqu'à la fin ce qui en arrivera.

PERMETTEZ-MOI, avant toutes choses, de vous avertir d'une Regle, dont j'ai déjà parlé, & que je tiens d'Aristote, qui avoit le Droit d'en faire : c'est qu'on ne doit pas juger

d'une

d'une habitude, par un figne feulement, mais par la réünion de plufieurs fignes. Cela veut dire, que, fi
la couleur & la configuration ne fe
réüniffent pas pour fignifier la même
chofe, ce ne fera que par hazard,
qu'on jugera bien. J'excepte, de cette
Regle, des Cas particuliers, qu'Ariftote
lui-même a exceptez; lorfque, par
exemple, un figne eft de telle efpece
qu'il en vaut plufieurs, ou lorfqu'on
ne cherche par un feul figne qu'une
connoiffance vague. Vous ne verrez jamais des Yeux enfoncez, qu'il
n'y ait de l'efprit, ou au moins du feu,
qui auroit été de l'efprit fi l'on a-
voit voulu : & vous éprouverez toujours en général, qu'une Chair un peu
vermeille marque un meilleur Naturel, qu'une Chair livide & plombée;
témoin ce que répondit Céfar à fes
Amis, qui l'avertiffoient de fe défier
d'Antoine & de Dolabella. Je ne
crains point, leur dit-il, ces teints
frais & vermeils; mais, je crains beaucoup ces pâles & ces maigres, en
montrant Brutus & Caffius. N'allez
pas me demander compte de ces
deux

deux Obſervations, que je choiſis
entre mille, pour prouver qu'un
ſeul ſigne ſuffit à qui ne cherche
que quelque-choſe de général. Vous
en voyez la Raiſon dans les divers
Principes, que j'ai établis auparavant.

A cette Regle il faut en ajouter
une autre, qui n'eſt pas moins eſſen-
tielle, qui eſt de diſtinguer la Phyſionomie accidentelle, & la Phyſionomie permanente. Les ſignes de
l'une ne ſont pas abſolument les ſignes de l'autre, quoiqu'il n'y ait, &
qu'il ne puiſſe y avoir, qu'une ſeule
Phyſionomie, parce qu'il n'y a pro-
prement qu'un ſeul & unique réſultat
du compoſé de l'homme. Il eſt pourtant vrai, que cet état ordinaire &
habituel, que j'appelle Phyſionomie
tout court, & à qui je donne ici le
nom de Phyſionomie permanente,
peut être altéré par quelque accident imprévû. Alors, cette altération,
ce changement paſſager, qui arrive,
eſt en quelque ſorte une Phyſionomie
nouvelle, qui ſurvient à la prémiere
pour quelques moments; & l'on peut
l'ap-

l'appeller accidentelle. Je ne crois
pas qu'il soit nécessaire de s'arréter
aux signes, qui sont propres de cette derniere Physionomie, ni de les
désigner en particulier : ils sont toujours en si grand nombre, qu'on ne
peut presque pas s'y méprendre; il
suffit d'avoir des Yeux, pour en juger.
Quand Monime, surprise, découvre à
Mithridate son amour pour Xipha-
rès, elle n'est pas long-tems à s'appercevoir, qu'elle a été trompée: le
changement de Visage de Mithridate ne lui apprend que trop tôt son
malheur, & celui de son amant. De
tout ce que la Nature offre à nos découvertes, il n'y a peut-être rien de
si intéressant, que l'étude de ces
moments critiques, où l'ame se peint
au dehors; soit lorsque son transport
est si grand, qu'elle ne pense seulement pas à dissimuler ce qui se passe
en elle; soit lorsque, malgré les efforts qu'elle fait pour se cacher, elle
est obligée de laisser voir une partie
de ce qui l'agite. La maniere, dont
Aléxandre s'y prit, pour découvrir si
son Médecin l'empoisonnoit, est autant

tant digne de son discernement, que
de son courage. Il y a dans ces ins-
tants des Remarques infinies à faire,
& qui peuvent être utiles en d'autres
occasions, où l'Ame, moins émuë,
agite moins le Corps, & excite un
mouvement moindre dans les Esprits
qui se portent au Visage : car, il y a
toujours (quoique peu de gens s'en
apperçoivent) une grande ressem-
blance entre la Physionomie accidentelle, dont nous parlons, & la Physionomie permanente, habituelle, qui
est véritablement la seule. De quelque façon qu'on apprête une viande,
son goût particulier lui reste, & les
assaisonnements qu'on lui donne ne
servent qu'à le faire mieux sentir.
On est si persuadé de cette vérité
dans la spéculation, qu'on croit n'a-
voir connu certaines gens pour ce
qu'ils sont, que depuis un de ces
mouvemens extraordinaires, qui s'est
fait en eux, & qui les a décelez aux
yeux les moins clairvoyans. Il
n'y a pas dequoi être flatté de la
connoissance qu'on acquiert alors : il
faudroit être aveugle, pour ne pas
apper-

appercevoir un Caractere auſſi gros
que celui-là.

IL eſt pourtant vrai, que, pour être
ſûr de ſon fait, il faut connoître un
peu l'Homme par ſa Phyſionomie ordinaire. On imite la joye & la
douleur, la ſurpriſe & le ſang-froid:
il y a d'habiles Imitateurs. Ovide
ſe plaignoit de ſon tems, qu'on avoit
appris aux Yeux à pleurer; &, ſi les
yeux mentent, qui ne mentira pas?
C'eſt, ſans difficulté, ce que nous avons
de plus ſincere, & de plus indiſcret.
Que ſçavent-ils taire? Ou, plutôt, que
ne diſent-ils pas? Qui peut leur en
impoſer? Ils ſemblent nous avoir
été donnez, pour nous démentir, toutes les fois que nous manquons à la
Vérité; & qui les examineroit bien
ne ſeroit jamais trompé: l'Homme
le plus faux eſt vrai par les Yeux.

QUAND il eſt queſtion de Signes, &
qu'on en demande, ce n'eſt donc que
de ceux qui accompagnent la Phyſionomie ordinaire, à laquelle on doit
ſe tenir; & c'eſt à ceux-là auſſi, que
je vais m'attacher, en vous repréſen-

K   tant

tant toujours, que leur Application eſt auſſi difficile à faire juſte ſur le Papier, qu'elle eſt aiſée à faire à la vûë d'un Viſage. Pourquoi ſommes-nous ſéparez par des mers, ou retenus par des occupations inſociables? Je vous dirois mille choſes, que j'écrirai fort mal, ou que je n'écrirai point du tout. J'ai dû faire les Diſtinctions que j'ai faites: elles ont rempli cette Lettre, déjà trop longue pour y ajouter encore. Je ne vous ferai pas languir.

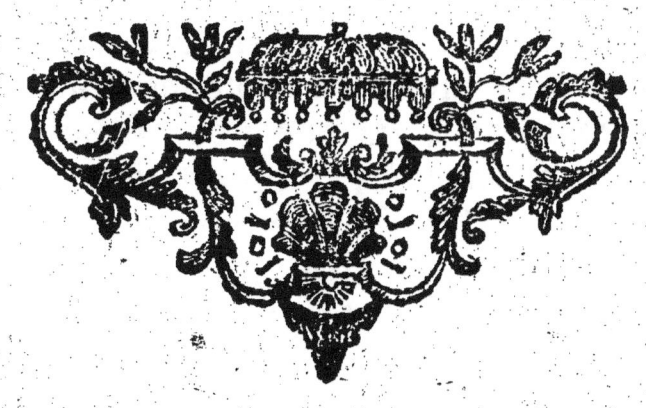

L E T.

✿✿✿✿✿✿✿✿✿✿✿✿✿✿✿✿✿✿

LETTRE TRENTE-UNIEME.

JE ne puis m'empécher de rire, quand je vois dans tous ces Ouvrages, qui traitent de la Physionomie, les Raisonnemens pitoïables, qu'on y rencontre, sur la tête grosse ou petite, le nez long ou court, l'embonpoint ou la maigreur, &c. Ils attachent tous, à ces différens Signes, les mêmes attributs, dans l'espérance apparemment, que le nombre nous éblouïra, & que nous ne demanderons pas compte de ce que nous trouverons attesté par beaucoup de gens. Il faut que cela soit; car, je n'en ai pas encore vû un, qui se soit mis en devoir de prouver ce qu'il avançoit. Il arrive une fois entre mille, que les Pronostics qu'on en tire sont justes, à peuprès comme ceux, qui prédisent à un millier d'hommes la même chose, prédisent vrai à l'égard de quelques-uns. Disons donc, que la Matiere la mieux pétrie, la forme la plus parfaite, en

ap-

apparence, & les proportions les
mieux obſervées, ne produiſent pas
toûjours le Caractere le plus parfait.
Combien de Monſtres, ſous les Figures les plus aimables? Combien de
Caracteres charmans, ſous les Figures
les plus monſtrueuſes? Ce n'eſt donc
point à la beauté, ni à la perfection,
de la Matiere qui loge notre Eſprit,
qu'il faut s'en rapporter, pour juger
de lui. A qui n'eſt-il pas arrivé de
voir des Viſages parfaitement beaux,
qui ne diſoient rien, & qui à la longue ne ſéduiſoient point, parce qu'ils
reſſembloient trop à un Buſte inani-
mé: tandis qu'il y en a cent autres,
qui, jugés difformes, par l'éxamen
qu'on en fait paroiſſent charmants, &
charment en effet; parce qu'ils ſont
vivans, & que l'Ame ſort, pour ainſi
dire, pour les embellir, & effacer, par
la vivacité qu'elle leur donne, les défauts que la Matiere y avoit laiſſés?
Tout Paris a vû autrefois une Actrice
de l'Opéra, petite & laide, effacer, dès
le prémier Vers qu'elle chantoit, les
deux plus belles Créatures qui fuſſent
alors ſur le Théatre, & qui faiſoient
                                    ſes

fes Suivantes dans Armide. Prefque
tous les Gens à grands talens, à talens décidez, enchantent, & femblent
devenir beaux, quand ils font dans
l'exercice de ces mêmes talens. Il
n'eft pas merveilleux, que des Organes, façonnez à telle ou telle chofe,
donnent un plus libre cours aux Efprits, & par eux à l'Action parfaite de
l'Ame, quand il s'agit de l'éxercice de la
chofe même pour laquelle ils font faits.

R E V E N O N S. C'eft à des Traits
particuliers de Couleur & de Configuration, qu'on doit recourir, pour
juger des Hommes. Je ne connois que ces deux Efpeces de Signes,
qui puiffent être utiles ; auxquels
j'ajouteray les Yeux, Objet affez
important, pour mériter un Chapitre
à part. Voici, à peu près, comme
j'ai imaginé toute cette Mécanique.
La Couleur indique les Paffions en
général : la Configuration en détermine l'Habitude ; & les Yeux en fi-
xent en quelque forte la Portée, je
veux dire, la Modération, ou l'Excès.

Pour peu qu'on ait réfléchi fur les
Principes, dont nous fommes compo-

fez,

fez, on sçait que les Liqueurs, en cir-
culant dans notre Corps & dans nos
Chairs, teignent les dehors mêmes
des canaux par où elles passent de l'élément qui les domine ; soit que notre
Peau transparente le laisse apperçevoir
ce qu'il est ; soit qu'à force de passer,
& de repasser, il en reste par succes-
sion une teinte à la Peau, qui en dé-
signe la Nature, en en montrant la
Couleur. Or, de ces Liqueurs, il y en
a de vives & de lentes, il y en a de
vermeilles & de plombées, il y en
a de jaunes & de vertes, & de noires
mêmes. Chacun peut avoir remarqué,
que les Visages vermeils ne sont pas
tristes, & que les Visages livides ne
sont pas gais. Qui ne sçait pas, que la
Vivacité des Gens fort colorez peut
être grande, mais qu'elle n'est pas du-
rable ; que celle des Gens pâles ne finit
point ? Quand on m'a dit quelquefois,
C'est un homme très vif, cependant le
meilleur homme du monde, qui se fache aisément, & qui s'appaise de même, je ne me suis jamais figuré son Visage autrement que coloré : & quand
on m'a parlé d'un Caractere som-
bre

bre, dont le Feu caché ne s'éteint
jamais, je me suis toujours repré-
senté un Visage sans Couleur. Si
cette Idée ne vous est pas venue comme à moy, elle vous viendra en pas-
sant en revûe les Gens avec qui vous
avez vécu. Il faut remarquer, que l'A-
mour du Plaisir est attaché à toutes les
Passions générales, désignées par ces
Couleurs; avec cette Différence, qu'il
produit plutôt des Folies, qui ne sont
que Folies, dans les gens qui ont des
Couleurs vives, & des Folies sérieuses,
qui sont de vrayes Fureurs, dans ceux
qui ont des Couleurs sombres. Les
prémiers sont capables de se tuër, à
force de s'y livrer, & les autres de
tuër ceux avec qui ils s'y livrent.
On pourroit ajouter, ce me semble,
que les Passions tiennent assez des
Couleurs dont les Visages sont teints :
les Passions sérieuses & tristes ne
s'expriment pas plus par les Couleurs gaies, que les Passions gaies
& aimables par des Couleurs sombres.
Je n'imagine point, qu'on ait envie
de me faire la misérable Difficulté,

K 4   qu'on

qu'on pourroit tirer de la Couleur des Afriquains. On doit préfumer, qu'il y a autant de Différence entre eux fur le Noir de leurs Vifages, qu'il y en a entre les Européans fur le Blanc des leurs : & fi cette Différence ne paroit pas d'abord auffi fenfible qu'elle l'eft , c'eft que nous fommes accoûtumez à voir des Blancs , que nous voïons rarement des Noirs, & prefque jamais plufieurs Noirs enfemble. Cette Raifon eft fi vraie, que, parmi nous , il n'y a prefque que les Peintres , & les Teinturiers, qui connoiffent bien les divers Dégrés d'une Couleur ; parce que leur Etat les met dans la Néceffité de les comparer fouvent, & de les difcerner en les comparant, & à force de les comparer.

On auroit Tort de fe roidir contre cette Vérité, parce qu'elle paroit déterminer la Connoiffance des Paffions par la Connoiffance des Couleurs. Ne convient-on pas tous les jours, que le Rouge , que la Pudeur excite, eft bien différent de celui que caufe la Colere? N'eft-on pas au defefpoir de rougir

en

en certaines Occaſions; ou parce qu'on
ne veut pas, tout coupable qu'on eſt,
donner des Armes contre ſoi; ou
parce qu'on craint ſeulement d'être
cru coupable, quoiqu'on ſoit innocent? On ne me perſuadera point,
que le Coupable, qui rougit alors, reſſemble bien à l'Innocent, qui rougit
auſſi, quoique par un Motif bien différent. Leur Rougeur n'eſt pas la même: on les confond volontiers, &
l'on juge alors, plûtôt par la Prévention bonne ou mauvaiſe où l'on eſt
à l'égard de la Perſonne qui rougit,
que par l'Examen de ſa Rougeur, qui
ſeroit le Moïen le plus efficace
d'en découvrir la Vérité. Les Peintres,
qui ſe ſont piqués d'étudier la Nature,
& dont l'Imitation pouvoit en effet
les rendre grands & admirables, ont
déſigné les Paſſions principalement
par les Couleurs. Je vous avertis, en
finiſſant cette Lettre, que c'eſt ici le
Cas de ne pas ſe contenter des Couleurs pour juger du Caractere de quelqu'un. Ce n'eſt, au bout du compte,
qu'un des Signes que j'ay indiqués.

C'eſt

C'eſt même celui, qui eſt le plus ſuſceptible d'induire en Erreur, ſi l'on l'applique mal. Si, par exemple, n'indiquant que des Paſſions générales, on l'emploïe à déſigner les Paſſions effectives de quelqu'un, on pourra ſe tromper. Qu'on diſe, un tel a telle Couleur, donc il eſt naturellement porté à telle choſe, on ne ſe trompera pas : mais, ſi l'on dit un tel a telle Couleur, donc il eſt adonné, livré, à telle Paſſion, on pourra ſe tromper. La Couleur, en marquant la Paſſion, n'en marque que le Germe, & non pas les Fruits : l'Education, la Néceſſité, le Soin de la Fortune, & plus que tout le reſte la Vertu, & la Religion même, étouffent ſouvent ces Paſſions dans leur naiſſance ; &, pour en avoir le Fonds, la Diſpoſition, & le Penchant, ce n'eſt pas à dire, qu'on en ait les Actions, & les Effets réels. Je crois, qu'on ne ſçauroit trop prévenir l'Impreſſion, que mon Diſcours pourroit faire, de peur qu'on n'en abuſe. Ce ne ſera pas vous. Je connois tant d'Eſprits gauches, embrouillés, & lourds, chez

qui

qui ces Diſtinctions ne ſçauroient percer clairement, que je ſuis ex-cuſable de craindre ce que je ferois bien fâché de voir arriver. Nous parlerons après-demain de la Configuration.

LETTRE TRENTE-DEUXIEME.

POURQUOI faut-il, que vous m'obligiés à parler de la Configuration de la Matiere ? Tout le Monde peut dire ce que vous m'obligez de dire ici; & les Chofes inutiles me pefent. Que démontrerai-je, quand je dirai, que, généralement, les groffes Perfonnes font bonnes Gens ; que les Corps extrémement grands ne font pas ceux où il y a le plus d'Efprit ? On fçait ce que répondit le fameux Bacon à fon Maitre, qui lui demandoit fon Sentiment fur un Ambaffadeur de France d'une Taille demefurée. ,, Il en eft, dit-il, ,, de ces grands Perfonnages, comme ,, de ces Maifons à 5 ou 6 Etages; le ,, plus haut eft toujours le plus mal ,, meublé. ,, Chacun peut fe rendre compte de ces deux efpeces de Proverbes affez vrais, en faifant Attention, que la Bonté des groffes Gens, qui n'eft, à la bien définir, qu'une forte de Facilité, n'eft auffi que l'Effet de

la

la Tranquilité dont ils jouïffent; leur Sang n'étant pas à beaucoup près auſſi agité que celui des autres, & le change-ment journalier, qui arrive au Sang, étant beaucoup moindre chez eux, leur Nourriture ſe transformant plû-tôt en Chair qu'en Sang. Quant aux Perſonnes exceſſivement grandes, on peut en juger par proportion avec les Géants, que nous voïons de tems à autre, & que nous ne ſommes point étonnez de voir dépourvus, non ſeulement d'Eſprit, mais de For-ce, de Vigueur, & d'Activité. Quoi-que l'Homme ſoit le Chef-d'Oeuvre de la Nature, elle eſt elle-même bornée dans ſes Productions, & tou-te entiere en effet dans chaque Hom-me en quelque ſorte. Si elle excede d'un Côté, elle manque de l'autre : en faiſant une Stature, qui paſſe les au-tres, elle la laiſſe manquer de cette Abondance d'Eſprits animaux, ou de cette Perfection des Organes, qui feroit néceſſaire pour la rendre au-tant égale aux autres par les Opé-rations qui leur ſont propres, qu'el-le la rend ſupérieure par la Grandeur

qu'elle

qu'elle lui donne. L'Ouvrage de la Nature y est bien tout entier: elle y a autant travaillé qu'aux autres; mais, ses Proportions n'ont pas été les mêmes : & celui, qu'elle partage ainsi, n'a pas plus de Droit de se plaindre d'elle, qu'en a celui qu'elle a fait excessivement petit, & qu'elle a doué de ce que nous appellons Esprit, Talents, &c. C'est à ce Système, qu'il faut, je crois, avoir recours, pour expliquer l'Idée générale où l'on est, qui est assez souvent vraie, que les Gens contrefaits ont plus d'Esprit que les autres. Je n'entreprens point de discuter cette Compensation équitable de la Nature, non plus que le Profit que quelque Homme peut en tirer. Il y a des Païs, où il y auroit plus à gagner d'abonder en Corps qu'en Esprit. Combien de Peuples encore aujourd'hui, quoique moins grossiers qu'ils ne l'ont été, préférent un adroit Chasseur, un Homme d'une Force excessive, au plus bel Esprit du Siécle. Et je ne sçais si, sans sortir de notre Europe, tel Peuple ne croit pas encore la

Pres-

Preſtance & la Perfection du Corps
préférable à tout le reſte. J'ay vû
plus d'une fois une belle Figure bête
l'emporter ſur une autre auſſi ſpiri-
tuelle que laide ; tant il eſt vrai, que,
dans notre Conduite, nous démentons
ſouvent les Idées nobles que nous
avons de l'Eſprit, pour l'abaiſſer au-
deſſous même du Corps, que nous
ne mépriſons qu'en apparence, &
ſans y être bien réſolus. Je ne ſçais
preſque plus où j'en ſuis ; &, ſi je
n'y prends garde, je laiſſerai-là le Sujet de cette Lettre, auquel ce que je
viens de dire ſe rapporte pourtant,
au moins de loin.

Il n'eſt pas étonnant, que les Gens
forts & nervéux manquent de Délicateſſe. Ce qui les compoſe eſt plus
terreſtre : il ne ſe fait pas chez eux,
comme chez les gens foibles, un
Dépériſſement continuel, qui eſt un
Effet de l'Abondance des Parties a-
queuſes & aëriennes qui les compoſent. Tout ce que nous avons allé-
gué, ou ſuppoſé, de la Compoſition
des Corps, rend plauſible, je dirois
preſque certaine, la Reſſemblance
que

que je trouve entre les Corps & les
Efprits ; puifque les Efprits, comme
nous les avons définis, ne font fenfibles, que par leurs Opérations, & que
leurs Opérations dépendent infiniment des Corps. De-là j'ai coûtume
de conclure, que ces Figures roides,
qui femblent ne pouvoir pas fe plier,
que celles qui ont quelque-chofe de
dur dans leur Air, doivent renfermer
des Ames, ou, pour mieux parler, des
Caracteres, de la même Efpece ; ce
qui revient à ce que j'ai dit de la
Configuration, lorfque j'ai prétendu
qu'elle marquoit l'Habitude des bonnes ou des mauvaifes Qualitez du Caractere. Pourquoi le Corps, en effet,
ne prendroit-il pas l'Air d'une Chofe
à laquelle on l'oblige fouvent de s'ac-
comoder ? A force de méprifer ceux
qui nous environnent, notre Caractere haut & dédaigneux imprime à
notre Corps cet Air méprifant, qu'il
eft fi facile de reconnoître, & fi difficile de diffimuler, quand les Circonftances en demandent un autre ;
ce qui fait auffi que ces Gens-là ont
l'Air fi gauche, quand il faut l'avoir
poli.

poli. Les Hommes forts, naturels,
plus faciles à deviner que les autres,
impriment à leurs Corps des traits
extrémement démonſtratifs des habitudes dans leſquelles ils ſont.

ON me demandera peut-être, ſi, indépendamment de l'habitude, la
Nature ne déclare pas, par des traits
configurez de telle ou telle maniere,
ſes goûts & ſes paſſions ? Je répondrai, que je n'en doute pas : j'ajou-
terai en même tems, que ces traits
ſont ordinairement en petit nombre,
& qu'il eſt bien difficile de ne pas
s'y méprendre ; que c'eſt ſur cet ar-
ticle-là principalement, qu'il y aura
de l'injuſtice de hazarder des jugemens. N'eſpérez pas, que je vous
diſe, à ce propos, tout ce que vous
ſouhaiteriés. Je crains les Applications qu'on peut faire : &, quelque in-
nocentes qu'elles fuſſent de ma part,
il ſuffiroit que j'euſſe donné lieu à
l'Abus qu'on en feroit, pour en être
deſeſpéré. Voici tout ce que vous
en aurez. Quelque variété qu'emploïe la Nature dans la combinaiſon

L   de

de la matiere, il y a des chofes fur lefquelles elle ne varie point, & qui ont entre elles une connéxion fi né-ceffaire, qu'on peut conclure l'exiften-ce de celle qu'on ne voit point, par la connoiffance qu'on a de l'autre. Les regles de proportion, établies dans les Ouvrages de l'Art, ne font prifes que de celles de la Nature; & il s'en faut bien encore, que celles-là foient auffi exactes que celles-ci: il y a toujours entre elles la même dif-férence, qui fe trouve entre l'Origi-nal & la Copie. A voir un En-fant de fix ans, on prédira affez fûre-ment de quelle taille il fera à vingt. Pourquoi ne voudroit-on pas, qu'à l'infpection de certains traits, quel-qu'un, qui a fait une étude particuliere de tous leurs rapports, ne pût pas af-fûrer en conféquence une qualité bon-ne ou mauvaife? La Matérialité du trait, fi je puis me fervir de cette expreffion, peut avoir quelque liai-fon avec la qualité dont il s'agit, quoi-que ce foit à l'Ame qu'on l'attribue; puifqu'on a fuppofé plus loin, que le
Ca-

Caractere même dominant de l'Ame dépendoit du Corps, & de ce qu'on appelle la Matiere. Je vous dois quelque-chose sur les Yeux, & je vais me hater de vous satisfaire.

LET-

LETTRE TRENTE-TROISIEME.

J'AI tant de Chofes à dire fur les Yeux, que je ne fçais par où commencer. C'eft le cas de fe plaindre de fon Abondance, d'en être appauvri. Tout le monde a dit, ou écrit, qu'ils étoient le Miroir de l'Ame; & cette Définition, qui va fi bien à mon Sujet, leur fait beaucoup d'Honneur. Il y a plus encore : il femble, que, de tous les fens, ce foit celui où elle eft plus ordinairement préfente, où elle habite plus particuliérement, où elle arrive au moins plutôt qu'ailleurs quand on l'y appelle, & où elle ne fe fait pas appeller deux fois. Elle fe fert de leur langage, pour parler : la force ni la douceur de la voix n'imitent point encore l'energie, & la grace, dont ils font capables, pour rendre les penfées de l'Ame. Perfonne n'a jamais ôfé efpérer pouvoir parler mieux, que par fes Yeux : c'eft à eux qu'on a recours, quand les expreffions manquent.

Leur

Leur difcours n'a point befoin de l'ordre ennuyeux & cimétrifé des paroles : il dit, en un mot, ce qu'on ne peut dire en mille : il termine en un moment les queſtions les plus embaraſſées, & les réponſes qui ne le ſont pas moins. Que d'incertitudes finies, que de douleurs appaiſées, que de procès terminez, par un coup d'œil ! Pluſieurs Théologiens ſe ſont accordez à dire, que les Intelligences céleſtes ſe parlent, & ſe communiquent leurs penſées, en ſe regardant. Oſons dire, que ſi les Yeux imitent en quelque ſorte entre eux ce langage, il faut que ce ſoit par eux que l'Ame ſe découvre le mieux, & eſt moins aſſujettie à la Matiere ; que c'eſt chez eux qu'elle eſt plus Ame que par-tout ailleurs. Ce qui a achevé de me confirmer dans cette idée, je le dois à la vérité merveilleuſe dont ils ſont, c'eſt l'impoſſibilité qu'ils trouvent à tromper : ils rendent l'Ame plutôt ce qu'elle eſt, que ce qu'elle voudroit être quelquefois. N'avez-vous jamais vû des gens mortifiés de ce que leurs

Yeux

Yeux en difoient plus qu'ils ne vouloient, & que leurs intérêts ne le demandoit. Pour preuve de leur fincéri-
té, je vous renvoye à ces circonftances
où les Yeux difent, *Ouï*, quand la Bouche dit *Non*; & où le *Ouï* des Yeux
eft décidé enfuite avoir été le véritable, & qu'il falloit être fot pour ne
pas entendre. Il y a des Gens, qui
crient, & qui fe fâchent, tandis que
leurs Yeux vous font leurs excufes.
Si vous êtes étourdi du bruit, &
que vous ne lifiés pas dans les Yeux
ce qui en eft, vous êtes dupe.

Tout ce que je vous dis-là vous
paroit ne pas s'accorder avec l'Opinion commune où l'on eft fur les
Tromperies des Yeux, ni avec ce que
j'en ai dit moi-même dans une de mes
Lettres. Je n'en parlois qu'en paffant,
& plutôt pour dire qu'on s'éfforçoit
de leur apprendre à tromper, que
pour dire qu'ils trompoient en effet,
& qu'ils avoient profité de cesLeçons.
Les Yeux ne trompent jamais, quand
ils parlent. Contentez-vous de dire, que
ceux, qui y lifent, n'y entendent rien,
ou

ou prévenus d'ailleurs y lisent tout de
travers, se trompent; & c'est en quoi
l'Opinion commune à raison. Je sou-
tiendrai quand on voudra, que les Yeux
parlans parlent toujours vrai : j'a-
voûrai seulement, que les Yeux lisent
souvent mal, & autrement qu'il n'est
écrit. Je vois mille Disputes sur le
Livre qu'on a lû. A peine s'accorde-
t-on sur le Texte, tout matériel qu'il
est. Pour le Commentaire qu'on y fait,
le Sens qu'on y donne, il dépend
uniquement des Lecteurs, ou des diverses Passions, qui les animent, & qui
leur dictent le Jugement qu'ils doivent
en porter. Il n'est pas encore arrivé
que ce Jugement fût uniforme. On
auroit tort d'accuser ce Livre de ne
pas dire ce qu'il dit: on a raison
d'accuser les Lecteurs de n'y pas lire
ce qui y est. Voilà les Yeux parlans,
& les Yeux lisans, définis. Quand
cette jeune Etourdie, honteuse de
son Etourderie, ou pour s'en disculper
me dira, que l'Homme, qui l'a trompée, avoit des Yeux où la Passion é-
toit peinte; que leur langage étoit si
L 4 ten-

tendre, l'asſuroit d'une Conſtance ſi
invariable; je lui répondrai, qu'elle
ne ſçait pas lire, que ſa Paſſion lui
a fait voir des choſes qui n'exiſtoient
point. Je l'asſurerai, quoi qu'elle puiſſe me dire, que les Yeux de ſon Per-
fide ne lui annonçoient que la joie
qu'il auroit d'en triompher; que l'impatience de ſes deſirs, & la fureur
du plaiſir. Toutes les Paſſions animent les Yeux; mais, chacune a un
Feu qui lui eſt particulier, & qu'il
faut ſçavoir diſtinguer. Les Femmes,
malgré leur étude de ce qui peut
plaire, n'ont pû parvenir à confondre
aux Yeux des Hommes ces différents
effets des Paſſions : elles ne trompent,
que les gens prévenus, ou ſans expérience. Il eſt pourtant vrai, qu'elles
ont acquis quelque-choſe en ce genre: c'eſt que ſi leurs Yeux ſont malgré
elles auſſi vrais que les nôtres, elles
liſent ordinairement mieux dans les
nôtres, que nous ne liſons dans les leurs.
Elles apperçoivent plus ſurement ce
qui ſe paſſe chez nous, que nous ne
diſcernons ce qui ſe paſſe chez elles:
&

& je ne fçais fi ce n'eft pas par cette raifon qu'on ne foupçonne point,
qu'il y a plus d'Hommes fubjugués
par les Femmes, que des Femmes
captivées par les Hommes. En voilà affez pour aujourd'hui.

LET-

****

LETTRE TRENTE-QUATRIEME.

NOUS avons dit tout ce que l'A-
me fait par les Yeux. Tachons
de nous développer comment elle le
fait, & si la Nature n'a pas mis dans
les Yeux quelques Signes particuliers
du Caractere dominant. La Façon
mécanique, dont les Yeux reçoivent
les Objets, est une Affaire d'Anatomie,
qui est sçue de tout le Monde. La maniere, dont l'Ame parle par les Yeux,
en les remplissant d'Eau ou de Feu,
en les ouvrant de telle ou de telle
sorte, en les tournant, en les agran-
dissant ou en les rapetissant, n'a pas
encore été expliquée de personne, &
ne le sera jamais. C'est une Manœu-
vre de la Nature, qui, toute matérielle qu'elle est, passe notre portée, &
mérite notre admiration. Tous les
lieux-communs, qu'on pourroit citer
à ce sujet, ne vous suffiroient pas, &
n'éclairciroient rien. Tenons-nous-
en donc aux Signes particuliers, que

la Nature peut avoir mis dans les
Yeux d'un chacun, pour faire connoître son Caractere. Car, si de tous les
Sens les Yeux forment celui où l'Ame
paroit présider plus sensiblement, il
faut qu'il soit plus aisé de l'y reconnoître qu'ailleurs: &, véritablement, je
ne sçais rien de si démonstratif que
les Yeux. La joie & la tristesse, le
plaisir & la douleur, la douceur &
la colere, la fierté & la bonté, la
santé même & la maladie, tout y est
exprimé, avant même qu'il en parois-
se des traces en aucun autre endroit:
ils sont toujours les prémiers à annoncer ce qui se passe. Je n'ai pas
de peine à croire, qu'il puisse y avoir
quelqu'un, qui connoisse, par le seul
examen des Yeux, les maladies qu'on
a, & la disposition où l'on est à les a-
voir. Il y a peut-être de la mode à
aimer mieux les grands Yeux, que les
petits. Je crois pourtant en général, que les grands Yeux marquent des
Caracteres plus ouverts, que les Yeux
à fleur de tête valent mieux que ceux
qui sont enfoncés & couverts. Il ne
faut pas croire, que les petits Yeux

pa-

paroiſſent avoir plus de feu que les
grands, ſeulement parceque l'orbite
étant plus petit le feu mieux réüni en
brille d'avantage. Les Caracteres extrémement vifs n'ont preſque jamais
de grands Yeux. Il en eſt à peu près
de même de la Couleur des Yeux. On
ne verra pas ordinairement quelqu'un
avec des Yeux noirs être indolent &
pareſſeux par habitude : ceux, qui le
ſont, ont les Yeux bleus. Ces derniers
ont leur mérite à certains égards :
la tendreſſe eſt plus energique chez
eux, que chez les autres. Ils ne brûl-
lent pas tout d'un coup ceux qui les
regardent, comme font les Yeux noirs ;
ils les conſument peu à peu : on ſe
ſent mourir avec eux, ce n'eſt qu'un
poiſon lent ; avec les autres, on eſt
emporté, c'eſt un coup de canon. Je
me contente de vous mettre ſur les
voies : c'eſt à vous d'aller au-de-là,
& d'en tirer les inductions que vous
croïez pouvoir vous convenir. Ce
que nous appellons Eſprit éclate dans
les Yeux : il eſt bien rare, que, par les
Yeux, on ne juge pas du peu ou du
beaucoup d'Eſprit de celui qu'on examine,

mine. Il y a des Yeux, qui ne difent
rien, qui n'annoncent rien. Entre ceux-
là, il faut diftinguer les gros Yeux, des
Yeux ordinaires. Les gros Yeux, qui
font le plus fouvent les miopes, ren-
ferment ordinairement beaucoup
d'Efprit & de Paffion. Les Yeux ordinaires, qui font muëts, marquent en
effet des gens fans habitude de vuës
ou de vertus; &, de tous les Yeux que
je connois, ce font les plus médiocres:
ils ne font bons à rien. Il eft queftion
alors de tirer de leur Couleur les indications dont on a befoin pour fçavoir quel fera leur Caractere: infailliblement lâche & fans force, fi la Couleur eft bleue; comme ils auront de
l'activité & de l'ardeur, fi la Couleur
eft noire. Pour les gros Yeux, où il
n'y a rien à voir, la Couleur de leur
Vifage, la Configuration de leurs
Traits, eft toujours affez marquée, pour
qu'on puiffe fe paffer de la Couleur
de leurs Yeux. Je ne parle point des
Couleurs fubordonnées à ces deux do-
minantes, le noir & le bleu: il eft
facile d'y affortir toutes les autres.
Je n'ai jamais vû des Yeux bien nets

man-

manquer d'ordre & de netteté dans l'Esprit : les Yeux incertains n'aiment rien, quoiqu'ils puissent dire. Les Yeux humides aiment trop, & les Yeux fort ouverts aiment tout. Je hazarde beaucoup, en vous parlant si franchement. Toutes ces Regles-là ont leur Exception. Si j'allois vous dire, que les Yeux, dont les Liqueurs sont brouillées, me déplaisent, que je me défie d'eux, ce n'est pas à dire, que je n'aïe une Confiance entiere en l'Amitié du Chevalier de..... Quoique j'aïe imaginé, que les Yeux bridez marquent souvent un Esprit peu étendu, je rends justice à l'Esprit de M. de....., & je lui en trouve beaucoup.

C'EN est assez sur les Physionomies : & je ne pourrois plus vous dire que des Personalitez, auxquelles je renonce. Vous n'aurez plus qu'une Lettre de moi ; & ce sera la Réponse que je dois à vos Allarmes sur la Crainte où vous êtes, que ma Folie Physionomique ne me fasse des Ennemis. J'y répondrai sérieusement, &, comme je pense, dans le vrai.

✻✻✻:✻✻✻✻✻✻✻:✻✻✻✻✻✻✻✻✻✻:✻✻✻

LETTRE TRENTE-CINQUIEME.

ETUDIER les Hommes n'eſt pas apprendre à les haïr, comme vous le croïez: c'eſt apprendre à les ſupporter, & à vivre avec eux. Deffiez-vous de toute Philoſophie, qui tend à rompre les Liens qui uniſſent les Hommes, & à détruire la Societé pour laquelle nous ſommes nez. C'eſt une Philoſophie, où il entre plus d'Humeur que de Raiſon. Le vrai Sage n'eſt pas celui qui hait tout le Monde: ce ſeroit plutôt celui, que tout le Monde aime; & on n'aime point ceux qui condamnent toujours. Comment, après avoir examiné avec un peu d'attention le Limon dont nous ſommes tous formez, peut-on être ſi difficile à l'égard de ſes ſemblables? Ne trouve-t-on pas chez ſoi la prémiere Cauſe de tous les Effets défectueux, qu'on apperçoit dans les autres? Ne s'en reſſent-on pas aſſez ſoi-même, pour n'ôſer la reprocher aux autres? La Diſtance eſt-
elle:

elle fi grande, & ne devrions-nous pas en ufer enfemble à peu près comme en ufent les Enfans d'une même Mere, qui cachent, qui adouciffent, qui fupportent au moins, les Imperfections qu'un d'eux a apportées du Sein où ils ont tous été produits? J'aime beaucoup ce Soupé philofophique, où les honnêtes gens, qui le formoient, en vinrent à examiner, s'ils n'avoient pas tous mérité une fois en leur Vie d'être pendus; & qui en convinrent, en ne bornant pas ce Châtiment aux Vols & à d'autres Crimes peut-être moins affreux en foi, que beaucoup d'Actions plus ordinaires & plus puniffables, quoiqu'impunies. Quelque Différence, qu'il y ait d'Hommes à Hommes, il y a toujours une grande Reffemblance dans les Principes qui les compofent. Si l'on examinoit bien ce qui a fait ce qu'on appelle communement, plûtôt que ce qui eft en effet, un Grand-Homme, on feroit quelquefois effrayé de lui trouver prefque tout ce qui a fait un Grand-Scélérat. Ce font fouvent les Objets extérieurs qui diftinguent des Hommes,

qui

qui fe reffemblent véritablement par
le Caractere & dans le fonds de leur
Conduite. L'Etat, la Naiffance, les
Occupations, la Renommée, forment
une Foule de Préjugés, qui nous aveu-
glent ordinairement dans l'Examen
que nous faifons des autres, & qui nous
arrachent le Jugement que nous en
portons. Il faut juger d'eux, fans l'Enveloppe, qui les diminue auffi fouvent
qu'elle les groffit ; & c'eft à quoi l'Etude des Phyfionomies conduit.

On eft fi fort accoûtumé à entendre dire du Bien & du Mal, à tort & à
travers, des Gens qu'on n'a pas encore vûs, fans en croire un mot, qu'on
en juge fainement, quand on les voit:
& fi, de toutes les Façons de juger
des Hommes, c'eft la plus vraie, il faut
dire auffi, que c'eft la moins effraïan-
te pour ceux qui en ont l'Habitude.
Il en eft des Hommes, qui étudient les
autres, & qui en connoiffent mieux
les Deffauts fi vous voulez, comme
de ceux qui fe livrent à un Etat qui
les approche des Morts & des Mou-
rants. Ils en font d'abord effraïés ;
ils croïent ne pouvoir pas tenir contre

tre leur Répugnance: ils s'y accoû-
tument insensiblement si bien , qu'ils
n'en font plus révoltez, qu'ils leur
deviennent utiles, & qu'ils en tirent
eux-mêmes un grand Avantage. Pourquoi dit-on que les vieux Juges sont
les plus doux, si ce n'est parceque
leur Age, & leur Expérience, leur
ont appris à connoitre les Hommes ; & que, plus on les connoît, plus
on est disposé à les supporter? Croïez-
vous d'ailleurs, qu'un Physionomiste
envisage l'Amour - propre, & les
Passions , Sources intarissables de
Vices & de Deffauts, du même Oeuil
dont les regarde le Vulgaire? Il
y voit beaucoup d'Accompagne-
mens, que n'y voit point le reste des
Humains. Comme il ne condamne
pas en Aveugle ; il examine chaque
Piéce du Procès ; il ne met point sur
le Compte du Coupable ce qui n'est
pas de lui ; il ne l'accuse que des Faits
où sa Volonté a eu Part , & cette Volonté même. Il épluche les Circonstances où elle s'est trouvée. Si elle lui
paroit blamable en quelque occasion,
il la loue en d'autres de n'avoir pas
été

été auſſi loin que ſes deſirs pouroient
la porter : il la contemple dans une
ſorte de Servitude, où le Bien lui coûte à faire, & lui ſçait gré quelque-fois
du Mal qu'elle ne fait pas. De-là vient
qu'il eſt ſi prompt à louër, & ſi lent
à blâmer : il diſtingue les Tems où
elle a été libre, de ceux où elle a été
contrainte. Il ſçait que tout eſt extrémement mêlé dans l'Homme ; qu'il
n'y a rien de parfaitement pur ; que
ce qui paroit mauvais n'eſt pas tout-
à-fait ſans Bonté, comme ce qui eſt
bon n'eſt pas abſolument exemt de
Malice. Il n'y a que les Gens ſans Eſprit, ſans Réfléxion, qui ſoient ſi
prompts à condamner. Les Enfans
jugent plus ſévérement un autre Enfant, que ne feroit le Légiſlateur le
plus rigide. L'Amour-propre leur fait
croire, qu'il y aura de la Gloire à condamner l'Ignorance. La Précipitation,
qui lui reſſemble, les y détermine ;
& ils ne louent preſque jamais leurs
égaux. Il n'appartient, en effet, qu'à
une Connoiſſance, devenue parfaite
par l'Uſage, de voir un Caractere tout
à la fois par ſon bon & ſon mauvais

vais côté, de compenfer l'un par l'autre, de s'attacher à louër ce qui eft
bon, dans l'impoffibilité avérée de corriger ce qui eft mauvais. Je fuis fi
perfuadé de cette Vérité, que je ne
puis me deffendre de vous dire en
paffant, que les plus beaux Livres de
Morale, & fur-tout de Caracteres, que
nous avons en François, me choquent
en ce qu'ils fe bornent prefque tous
à dire du Mal des Hommes. A les entendre, il n'y a chés eux que des Vices.
Pourquoi, s'ils ne connoiffent pas les
Vertus, difent-ils, qu'il n'y en a point :
& s'ils les connoiffent, pourquoi les é-
touffent-ils par leur Malice ? Croient-
ils donc, que c'eft le Moïen de rendre
les Hommes vertueux, que de prêcher
toujours qu'il ne le font pas? Je ne pré-
tends par les corriger : j'en ai Pitié; &
je fais d'eux comme de ceux que je
vois fe morfondre à reprocher les
Deffauts d'Amitié & de Reconnoiffan-
ce. On peut corriger les Deffauts de
l'Efprit, qui font des Erreurs, & jamais
ceux du Cœur, qui font de vrais Vices. Choififfez mieux une autrefois le
Sujet

jet de vos Queſtions, & ne m'expoſez
pas à dire autant de Folies, que j'en
ai dites ſur les Phyſionomies. Adieu:
je vous aime de tout mon Cœur.

F I N.

CATA.

CATALOGUE

DES

LIVRES

Imprimez chez J. NEAULME, ou
dont il a Nombre d'Exemplaires.

A.

Amuſemens des Dames, 7 *vol.* 12. *la
Haye* 1744.
———— Idem, les Tomes ſéparez.
Amuſemens du Beau - Sexe, 7 *vol.* 12, *la
Haye* 1744.
———— Idem, les Tomes ſéparez.
Acajou, Conte des Fées, avec la Réponſe,
12. 1744.
Amuſemens des Eaux d'Aix la Chapelle
3 *vol. fig.* 12. *Amſt.* 1734.
Amours de Catulle & Tibulle, par Mr. de
la Chapelle, de l'Académie, Françoiſe;
avec quelques autres Piéces du même
Auteur: Nouvelle Edition, augmentée
d'un Eloge de Mr. de la Chapelle ; avec
de très jolies Figures, *en* 4 *vol.* 12. *la
Haye* 1742.
l'Argus de l'Europe, Ouvrage dans lequel
on développe les Maximes & les Intérêts
des Princes, depuis la Mort de l'Empereur

reur Charles VI. jusques à présent, 3 *vol.*
8. *Amst.* 1742.

Architecture de Palladio, 4 *Tom.* 2 *vol. fol.*
fig. la Haye 1726.

Avantures de Telemaque, par Mr. de Fe-
nelon, Archevêque de Cambray, avec
des Figures de Picart, 4. *Amst.* & *Rott.*
1734.

Architecture de Vignole, comprenant les
cinq Ordres, avec les Commentaires,
Figures, Descriptions &c. par Mrs.
Daviler & le Blond, 3 *vol.* 4. *avec*
quantité de Fig. la Haye 1730.
———— Idem, Tome 3. séparé.

Architecture Militaire, ou l'Art de Fortifier, par De ***, Officier de Distinction;
avec plus de 40. Planches en Taille-douce, & un Traité de l'Art de la Guerre,
2 *vol.* 4. *la Haye* 1741.

Actes Publics d'Angleterre, recueillis
par T. Rymer, en 10 vol. in folio
complets : contenant en entier les 20.
volumes de l'Edition de Londres, & outre cela des Traductions Françoises de
toutes les Piéces Angloises qui se trouvent dans l'Edition originale ; lesquelles
Traductions sont exactement placées à
côté des Piéces Angloises mêmes :
&, de plus, l'on trouve, dans le
neuvieme Volume de cette Edition,
deux nouveaux Traités ; l'un intitulé
Epistolæ Mariæ, Angliæ Reginæ, ad ex-
traneos Principes & *Respublicas, ab*
Anno

Anno 1554. *ad Annum* 1558., *desump-*
tæ ex Manuscripto originali in Bibliothe-
câ Ducis Kentiæ conservato &c. ; &
l'autre, *De l'Etat & Gouvernement du*
Royaume d'Angleterre, *avec une nou-*
velle Addition touchant les principales
Cours d'Angleterre & les Officiers d'i-
celles, *écrit à la main le* 28. *Mars de*
l'An de Salut 1567, *pendant le Regne de*
la Sérénissime & Exellentissime Prin-
cesse la Reine Elisabeth, *par un Gentil-*
homme, *Ambassadeur en France pour sa*
Majesté près le Roi Charles IX. de ce
Nom. Manuscrit tout-à-fait curieux,
donné par feu Monseigneur le Prince
de Condé à Mr. le Comte de Bethune.
Pareillement, on trouve, dans le dixieme
& dernier Volume, l'*Abrégé Historique*
& Critique de tous ces 20 Volumes de
l'Edition de Londres, dont les 17 prémiers Volumes avoient été extraits par
feus Mrs. de Rapin & le Clerc; & dont
les 3 derniers l'ont été de très bonne
main, qui ne le cede point aux autres.
Ainsi, l'on trouvera réüni dans l'Edition de la Haie, non seulement tout
le Recueil, mais encore son *Abré-*
gé, & de plus une bonne *Table généra-*
le des Matieres de tout l'Ouvrage. Et,
afin d'en procurer l'Usage à ceux même qui n'auront que l'Edition de Londres, l'on a observé de noter à la mar-
ge

ge de l'Edition de la Haie les Pages
de l'Edition de Londres ; de sorte que
les Auteurs, qui ont déja cité, ou qui
citeront à l'avenir, l'une de ces Edi-
tions, pourront également se servir de
l'une & de l'autre, sans leur nuire ou
leur porter aucun Préjudice. On obser-
vera aussi, que ce grand Recueil con-
tient, outre les Piéces qui concernent
particuliérement l'Angleterre, Qantité
d'autres Piéces instructives & intéres-
santes, concernant la France, l'Alle-
magne, les Royaumes du Nord, la
République des Provinces-Unies, touchant le Gouvernement de laquelle
il y a aussi des Discours & Traités curieux & utiles, relatifs au Tems d'O-
livier Cromwell, & de la Reine E-
lizabeth, lorsque les Anglois étoient
Possesseurs de la Brille, Flessingue,
Ter-Veer, &c. En un mot, cette impor-
tante & précieuse Collection n'est pas
moins utile, & même necessaire, aux
Politiques & Négociateurs, que le fameux *Corps Diplomatique des Traités
de Paix &c*: & l'on peut très bien affir-
mer sans indiscrétion, que, réünis ensemble, ils forment le Corps de Politique
le plus complet, & le plus intéressant,
qu'on ait encor vû jusqu'à ce jour.

M   Bi-

B.

Bibliotheque de Campagne, ou Amu-
semens de l'Esprit & du Cœur, 12 vol.
12. *la Haye* 1738 - 1743.
—— Idem, les Tomes separez.
Belle (la) Wolfienne, par Mr. Formey,
3 *vol.* 8. *la Haye* 1739 - 1743.
—— Idem, les Tomes séparez.
Bardet de Villeneuve, Cours de la Science Militaire, à l'Usage des Officiers de
l'Infanterie, de la Cavallerie, de l'Artil-
lerie, du Génie, & de la Marine, *avec*
107. *Planches en Taille-douce*, 11 *vol.*8.
la Haye 1740. *&* 1741.
Batailles d'Alexandre le Grand, Darius,&
Porus, gravées magnifiquement d'après
le Brun, par le fameux van Gunst, *en*
13. *Feuilles de très grand & beau Papier,*
Forme d'Atlas.
Basnage, Histoire & Annales des Provinces Unies des Pais-Bas, depuis la Paix
de Munster en 1648, jusqu'à celle de
Nimegue en 1678; précedées d'une Des-
cription Historique & Politique du Gouvernement de ces Provinces, par Mr. de
Lestevenon, 2 *vol. fol. la Haye* 1719 *&*
1729.
Burnet, Histoire d'Angleterre perdant sa
Vie, contenant depuis Jaques Premier,
jusqu'au commencement du Regne de
la Reine Anne en 1702, 4*vol. in* 4, *avec de*
beaux

beaux Portraits, *la Haye* 1735.

———— Idem, Tome 3 & 4. féparez
Bible (la Sainte) contenant le Vieux & le
Nouveau Teftament, de la Verfion de
Mr. Martin, avec des Notes marginales,
in 4, *la Haye*, 1743.
Bible, d'une nouvelle Verfion Françoife,
par Mr. le Cene, 2 *vol. fol. Amft.* 1741.
———— ———— Idem, grand Papier.
Bibliotheca Botanica, feu Catalogus Autho-
rum & Librorum omnium, qui tractant
de Re Botanicâ; de paratis Vegetabilibus
&c. à Jo. Francifco Seguierio. Acceffit
Biblioth. Botanica Jo. Ant. Bumaldi, feu
potius Ovidii Montalbani Bononienfis, in
tres Partes divifa, 4 Hagæ Com. 1740.
Brenckmanni (Henrici) *Hiftoria Pandecta-*
rum, 4. fig. Traiecti ad Rhenum, 1722.
Burnet's Hiftoiry of his own Times, 6 vol.
8 London 1724.

C.

CHanfons Nouvelles, fur différents Sujets, compofées fur des Airs connus,
12. *Amft. Foubert.* 1728.
Coutumes & Cérémonies obfervées chez
les Romains, avec des Notes, fervant
d'Eclaircifiemens aux Auteurs anciens
Grecs & Romains, par Nicupoort, tra-
duites en François, 12. *Paris* 1741.

Ci-

Ciceronis (*M. T.*) *de Officiis Libri tres*, *ex Recenfione & cum Notis J. G. Grævii* 12. Amft. 1691.

———————— *idem Liber, fine Notis*, Amft. 1689.

Contes de ma Mere L'Oye, en François & Anglois, avec de magnifiques Figures, 8. *la Haye*, 1745.

Contes & Nouvelles de Bocace, Florentin, avec des Figures gravées fur les Deffeins de Romain de Hooge, 2 *vol.* 8 *Fig. Cologne* 1732.

Catechifme de Drelincourt, 8 *Amft.* 1730

Corpus Juris Civilis Romani, cum Notis Gothofredi, 2 vol. fol. Lipfiæ 1740.

Confultationes Medicæ: five Sylloge Epiftolarum, cum Refponfis Herm: Bourhave, 8 Hagæ Comit. 1744.

Cicero de Officiis, cum Notis Variorum & Grævii. 8. 2. vol. Lugduni Batavorum 1710.

Canifii Thefaurus Monumentorum Ecclefiafticorum & Hiftoricorum, 7 vol. fol. Amftelodami 1715.

Cuifinier Moderne, &c., par Mr. Vincent la Chapelle, avec quantité de Figures, 5 *val* 8. *la Haye* 1742.

Caufes célebres & intéreffantes, avec les Jugemens qui les ont décidées, recuillies par Mr. Gayot de Pilaval, 18 *vol.* 8. *la Haye* 1717. à 1743.

———————— Idem, *Tomes* 19, 20, 21, & 22. 4 *vol.* 8 *la Haye* 1745.

———————— Idem, les Tomes feparez.

Con-

Confolations de l'Ame fiddele contre les
Frayeurs de la Mort, par Drelincourt,
2 vol. 8 Amft. 1724.

Clerici (Joan.) Hiftoria Ecclefiaftica duorum
primorum à Chrifto nato Seculorum, è ve-
teribus Monumentis deprompta: Editio pri-
ma, eaque unica, attamen Acceffionibus
Correctionibusque ipfius Auroris noviffimè
illuftrata, & emendata, 4. Amftælodami
1716, & deinde Hagæ-Comitum 1745.
————————— Eadem, Chartâ magnâ.

Cowperi (Guill.) Anatomia Corporis Huma-
ni, illuftrata centum & quindecim Tabu-
lis, curante Dundaff, folio Chartâ ma-
xima, Lugduni Batavorum, 1749.

D.

Diable Hermite, par Monfr. de M***
12. Amft. 1741.
———— confondu, ou le fot Aftaroth, 12.
la Haye 1740.
Défenfe de la Religion tant Naturelle que
Révélée, contre les Infideles & les Incrédules: traduit de l'Anglois de G. Burnet; complet, avec une Table des Matieres, la Haye 1736-1745, 6 vol. 8.
———————— Idem, les Tomes féparez.
Dictionaire univerfel du Commerce, par
Savary, 3 vol. fol. Paris 1731.
Dictionaire Géographique & Critique, par
Mr. Bruzen la Martiniere, Géographe
de Sa Majefté Philippe V. Roi d'Efpa-
gie,

gne, 10 *vol. fol. la Haye*, 1737. *&c.*
————— Idem, les Tomes féparez.
Dictionaire Italien-François, & François-
Italien, par Veneroni, 2 *vol.* 4 *Amft.*
1729.

E.

EGaremens du Cœur & de l'Efprit, ou
Mémoires de Mr. de Meilcourt, par
Mr. Crebillon le Fils, 3 *Parties* 12. *la*
Haye 1745.
Effai fur l'Hiftoire du Siecle de Louïs XIV,
par Mr. de Voltaire, 8. *Amft.* 1739.
Elémens de la Philofophie de Newton, mis
à la Portée de tout le Monde, par Mr.
de Volaire, avec un grand Nombre de
Figures & belles Vignettes, 8 *Amft.* 1718
————— Idem, fur de magnifique & très
grand Papier.
Erafmi Colloquia, cum Notis Variorum, 8.
Lugd. Bat. 1729.

F.

F*Abri Thefaurus*, 2 vol. folio Hagæ
1739. fen papier; de druk is haaft
uit verhogt.

G.

GRammaire pour apprendre l'Anglois;
& Vocabulaire Anglois, François,
Fla-

Flamand, & Latin, par G. Pell, 2 *vol.*
8, *Utrecht,* 1715. 1735.

*Grotius (Hugo) de Veritate Religionis
Chriſtianæ, cum Notis Clerici,* 8. Hagæ
Comitum 1744.

H.

Hiſtoire Eccléſiaſtique, par Fleury 36.
vol. 12. *Bruxelles,* 1716.
———— du Mont Veſuve, Fig. *Paris*
1741.
———— des ſept Sages de la Grece, par
Mr. de Larrey, 2 *vol.* 12. *avec Fig. la
Haye* 1734.

*Huetius (P. D.) de Imbecillitate Mentis
Humanæ,* 12. Amſt. 1738.

Hiſtoire de l'Empereur Charles VI, contenant ce qui s'eſt paſſé de plus iné-
morable en Europe, depuis ſa Naiſſance juſques à ſa Mort : tirée de Mémoires, Piéces Antentiques, manuſcriptes
& autres, deſquelles on a puiſé des
Anecdotes très curieuſes, & qui n'a-
voient point encore paru : par le Sieur
P. A. la Lande, 6 *vol.* 12. *la Haye,*
1743.
———— Naturelle, Civile, & Eccléſiaſtique de l'Empire du Japon, compoſée en Allemand par E. Kempfer,
& traduite en François ſur la Verſion
Angloiſe de J. G. Scheuckzer, avec
Fig. 3 *vol.* 12. Amſt. 1732.

M 4

Hiſ-

Hiſtoire Romaine de Tite Live, traduite
en François par M. Guerin, 10 *vol.*
12. *la Haye* 1740.

Hiſtoire Critique de l'Etabliſſement de la
Monarchie Françoiſe dans les Gaules,
par Mr. l'Abbé du Bos. 3. *vol.* 12 *Amſt.*
1735.

———— du Ciel, conſidéré ſelon les I-
dées des Poëtes, des Philoſophes, &
de Moyſe, par l'Auteur du Spectacle
de la Nature, avec Fig. 3 *vol.* 12 *la
Haye* 1740.

Hiſtoire de Frederic-Guilluume I, Roi
de Pruſſe, par Mr. de M***, 2 *vol.*
12. *Amſt.* 1741.

Hiſtoire Ancienne des Egyptiens, Car-
thaginois, &c. par M. Rollin, 13. *vol.*
12. *la Haye & Amſt.* 1740

———— Idem, les Tomes ſéparez.

———— & Aaantures de Doua Rufina,
fameuſe Courtiſanne Eſpagnole, 2 *vol.*
12. *avec Fig. la Haye* 1743.

———— des Ouvrages des Savans, par
Mr. Baſnage de Beauval, depuis Sep-
tembre 1687, juſqu'au Mois de Juin
1709. inclus 24. *vol.* 12. *Amſt.*

*Horatius, ex Editione & cum Notis Bent-
leii,* 4. Amſtælodami 1716.

———— Idem, charta magna.

Hiſtoire du Vicomte de Turenne, par
Ramſay, 2 *vol.* 4. *Fig. Paris* 1735.

———— des Découvertes & des Con-
quêtes des Portugais dans le Nouveau
Mon-

Monde, par le R. P. Lafiteau, avec fig. 2 *vol.* 4. *Paris*, 1733.

————— Militaire du Prince Eugene, du Duc de Marlborough, & du Prince d'Orange & de Naſſau-Friſe; écrite par du Mont & Rouſſet; ornée de Cartes, de Plans, & de Batailles, d'après les Deſſeins de Huchtemberg, *eu 2 vol. fol. Format d'Atlas, la Haye.*

————— Idem, Tom. 3 ſous preſſe.

Hiſtoire de l'Origine & des prémiers Progrès de l'Imprimerie, *la Haye*, 1740. 4.

————— des Révolutions d'Eſpagne, par le Pere d'Orleans, 4 *vol.* 8. *la Haye* 1734.

————— Critique de Manichée, & du Manichéïſme. par Mr. de Beauſobre, 2 *vol.* 4. *Amſt.* 1734.

————— de la Médecine, par le Clerc, 4. 2 *vol. derniere Edition, la Haye* 1729.

————— ancienne des Grecs, & la Maniere d'étudier les Belles-Lettres, par Mr. Rollin; avec de très jolies Figures, Vignettes, & pluſieurs Cartes enluminées, & le Portrait de l'Auteur, *en* 8 *vol.* 4. *Paris* 1741.

J.

JOurnal de Henry III: nouvelle Edition, augmenté des deux Tiers, par Mr. de l'Etoile, 5 *vol.* 8 *Paris* 1745.

————— de Henry IV, Nouvelle Edition augmenté, par Mr. de l'Etoile. 4. *vol.* 8. *Paris* 1741.

————— Hiſtorique de la République des

M 5 Les-

Lettres, par les Auteurs du Journal
Littéraire jusqu'en Juin 1732,
9. *Parties en* 3. *vol.* 8. *depuis Juillet*
1732. *jusques à la fin de* 1733. *la Haye*
1732. & 1733.
————— Idem, les Tomes séparez.

L.

Lettres Pastorales de l'Evêque de Londres aux Fideles de son Diocese,
contre les Libertins & les Incrédules;
3. *Parties* 8. *la Haye* 1732.
Lettres (Quatre) sur la Discipline Eccle-
siastique, 8.
————— d'Amour d'une Religieuse Portu-
gaise, 2 *vol.* 12. *la Haye* 1742.
Lettres Philosophiques sur les Phisyo-
nomies, 12. *la Haye,* 1746.

M.

Mémoires de l'Académie Royale de
Chirurgie de Paris, avec un grand
Nombre de Figures, 3. *vol.* 12. *Paris*
1743.
————— pour servir à l'Histoire de la
Grande Bretagne, sous les Regnes de
Charles II. de Jaques II. de Guillau-
me III. de Marie II. & d'Anne I; a-
vec une Introduction concernant les
Regnes de Jacques I. Charles I. &
Cromwel; par Gilbert Burnet, 6 *vol.*
12. *la Haye* 1725. Idem

———— Idem, la Continuation féparément; contenant les Regnes de Guil-
laume III, de Marie II, & d'Anne I,
3 *vol.* 12. *la Haye* 1735.

Mille & une Faveurs, Contes de Cour,
tirez de l'ancien Gaulois de la Reine
de Navarre, & publiés par le Chevalier de Mouhy, 8 *vol.* 12. *Londres*
1740.

Mémoires Secrets de la Republique des
Lettres, ou le Théatre de la Vérité,
par l'Auteur des Lettres Juives, en 16.
Lettres, 5 *vol.* 12. *Amft.* & *la Haye*
1743.

———— Idem, les Tomes féparez.

———————— de Mr. de Saint Martin,
Sieur de Chaffonville, écrits par lui-
même; contenant des Avantures &
des Anecdotes curieufes & intéreffantes, depuis l'an 1696, jufques en 1720.,
8, *la Haye* 1743.

Mémoires pour fervir à l'Hift de Charles IX. & de Henry IV. in 4 *Paris*,
1745.

Mémoires du Comte de Brienne, prémier Sécrétaire d'Etat, contenant les
Evénemens les plus remarquuables du
Regne de Louis XIV. jufques à la
Mort du Cardinal Mazarin, pour l'In-
ftruction de leurs Enfans, 3 *vol.* 8 *Amft.*
1719.

———— du Marquis Maffei, Lieute-
nant-Général des Troupes de l'Elec-

M 6   teur

teur de Baviere, & de l'Empereur ; contenant la Defcription exacte de plufieurs des plus fameufes Expéditions Militaires de notre Siecle, traduits de l'Original Italien, 2 *vol.* 8. *la Haye* 1740.

Méthode pour apprendre à bien lire & à bien ortographier, par Jean Palairet, 8. *la Haye* 1740.

Mémoires Politiques, Amufans, & Satyriques, par Meffire J. N. de Brazi, 3 *vol.* 8. *Veritopolis* 1735.

Métaphyfique de Newton. rédigée par Voltaire, *in* 8.

Marfilli (*Alb. Fr. Com.*) *Danubius Pannonico-Myficus, Obfervationibus Geographicis, Aftronomicis, Hiftoricis, illuftratus.* 6 vol. fol. Holl. 1726.

——— de Condé, ou Recueil pour fervir à l'Hiftoire de France, contenant ce qui s'eft paffé de plus mémorable dans le Royaume, fous le Regne de François II. & fous une Partie de celui de Charles IX, où l'on trouvera des Preuves de l'Hiftoire de Monfieur de Thou: auxquels on a ajouté la Légende du Cardinal de Lorraine, celle de Dom Claude de Guife, l'Apologie & le Procès de Jean Caftel, & autres Piéces, avec des Notes Hiftoriques, Critiques, & Politiques, attribuées à l'Abbé Lenglet du Fresnoy avec des Portraits, des Plans, &c. 6 *vol.* 4. *la Haye & Paris* 1743.   Idem

————— Idem, grand papier.

————— Idem, le Tome 6, *Paris*, 1745.

————— de l'Academie Royale de Chirurgie de Paris, avec un grand Nombre de Figures, 4. *Paris* 1743.

————— d'Artilerie, ou la Maniere de défendre les Places, & le Devoir des Officiers ; par le Sieur Surirey de Saint Remy, derniere Edition augmentée de Matieres & de Planches, avec un grand Nombre de Fig. 2 *vol.* 4. *la Haye*, 1741.

————— Idem, le Tome Troisieme, sous Presse.

Mémoires pour servir à l'Histoire de France & de Bourgogue, 2 *vol.* 4. *Paris* 1729.

————— pour servir à l'Histoire Naturelle des Pétrifications, par Mr. Bourguet, 4 *Fig. la Haye*, 1742.

Mémoires Historiques, Politiques, & Littéraires, de Portugal, par Mr. d'Oliveyra, 2 *vol.* 8 *la Haye*, 1743.

Mémoires de Hambourg, de Lubeck & de Danemark, de Suede, & de Pologne, par Aubery du Maurier, 8. *la Haye*, 1737.

Méthode pour étudier la Géographie, par l'Abbé Lenglet du Fresnoy, 8 *vol.* 12. *Fig. Paris*, 1740.

Méthode pour bien cultiver les Arbres à Fruits, & pour bien élever des Treilles, 8. *Utrecht*, 1738.

No-

N.

Novum Testamentum Græcum ; cum Versione Latinâ Joh. Leusdenii, & Figuris, 12. Amst. 1740.

Nouveau Théatre François, contenant les meilleures Piéces qui se sont faites depuis vingt Ans; 12 vol. 12 la Haye 1737.-1743.

—————— Idem, les Tomes separez.

—————— Recueil de Chansons choisies, avec les Airs notez, 8 vol. 12. la Haye 1735. à 1743.

—————— Idem, les Tomes separez.

Nouvelles Lettres de Gui Patin, 12. 2 vol. Amst.

Nouvellas Exemplares de Miguel de Cervantes Saavedra, a la Señora Contessa de Westmorland, avec de très jolies Figures, 2 vol. 8. la Haye 1739.

Nouveau Parfait Maréchal, ou de la Connoissance des Chevaux, plus ample & plus parfaite que celle de Mr. de Solleysel; avec un Dictionaire des Termes de Chevalerie, par Garsault, Ecuyer du Roi; avec grand Nombre de Figures, 2. vol. 4. Paris, 1741.

O.

OEuvres de Machiavel, nouvelle Edition, augmentée de l'Anti-Machiavel, 6 vol. 12. la Haye, 1743.

—————— de Théatre, & autres, de Mr.
Né-

Nericault Deſtouches; nouvelle Edition, confidérablement augmentée de
Piéces qui n'ont jamais paru, avec le
Portrait de l'Auteur, 2 vol. 12. la Haye
1740.

————— du Comte d'Hamilton, contenant, le Belier, l'Hiſtoire de Fleur d'E-
pine, & les quatre Facardins, 2 vel.
12. la Haye 1738

————— du Seigneur de Brantome; nouvelle Edition, confidérablement augmentée, 15 vol. 12. la Haye 1740.

Oeuvres de Mathématique & de Phiſi-
que de Mr. Mariotte, de l'Académie
Royale des Sciences, avec Fig. 2 vol.
4. grand papier, la Haye, 1740.

Ovidii Opera omnia, 3 vol. in 24. Amſtælodami, 1735.

Oeuvres diverſes de Poëſies du Sr. D**
8. Paris, 1743.

P.

Philoſophe (le) Marié, ou le Mari hon-
teux de l'être, Comédie, 12. Amſt.
1727.

Perſile & Siglſmonde, Hiſtoire Septen-
trionale, traduite de l'Eſpagnol de Mi-
chel de Cervantes, 4 vol. 12 Paris
1744.

Pamela, ou la Vertu récompenſée, traduite de l'Anglois 4 Tomes, 8 vol. 8.

Pour & Contre, Ouvrage Périodique
d'un Gout nouveau, par l'Auteur des
Mé-

Mémoires d'un Homme de Qualité.
10. *vol.* 8.

Q.

Q Uinctiliani (*M. Fabii*) *de Inflitu-*
tione Oratoriá Libri, Curá P. Bur-
manni, 3. vol. 4. Lugd. Batav. 1720.

R.

R Ecueil de Remedes faciles & domef-
tiques, par Mad. Foucquet , 2 *vol.*
12. *Utrecht* 1740.
Rollin, Hiftoire Ancienne des Egiptiens ,
Cartaginois ,&c. 13 *vol.* 12. *Fig. Amft.*
& la Haye 1743.
——— Idem, des Tomes féparément.
Réfléxions fur la Poëfie Françoife, par
du Cerceau, 12, *Paris*, 1742.
Rumphii (*G. E.*) *Herbarium Amboi-*
nenfe, cum Verfione J. Burmanni, cum
multis Figuris, 4 vol. fol. Holl. 1741.
&c.
Recueil d'Eftampes, gravées d'après les
plus belles Ecoles Romaines & Véni-
tiennes, qui font en France dans le
Cabinet du Roi, dans celui de Mon-
feigneur, du Duc d'Orléans, & dans
d'autres Cabinets ; avec un Abrégé de
la Vie des Peintres, & une Defcription Hiftoirique de chaque Tableau ,
par Crozat , *en deux grands Vol. in fo-*
lio, Format d'Atlas , Paris , 1742.

Spec-

S.

Spectacle de la Nature, ou Entretiens sur les Particularitez de l'Histoire Naturelle, par l'Abbé Pluche, 4 *vol.* 12. *Figures, la Haye,* 1739-1743.

———— Idem, les Tomes séparé.

Secrets d'Albert le Grand & d'Albert le Petit, 2 *vol.* 12. *Fig. Lion,* 1743.

Sermons sur divers Textes, par Caillard, 2 *vol. Amst.* 1738.

———————————— Idem, *grand Papier.*

Suplement au Corps Diplomatique, 10 *vol. fol. derniere Edition.*

Superstitions Anciennes & Modernes; Préjugez Vulgaires qui ont induit les Peuples à des Usages & à des Pratiques contraires à la Religion; avec des Figures qui représentent ces Pratiques, 2 *vol. fol. Amst.* 1736.

———— Idem, Tome 2 à part.

Suetonius Burmanni, 2. *vol.* 4. cum Fig. Amst. 1739.

Salustius, cum Notis Variorum, cura S. Havercampi, 2 vol. 4. Amst. & Hagæ Comitum 1742.

———— Idem, Chartâ magnâ.

T.

THeologie du Cœur, ou Recueil de quelques Traités qui contiennent les Pensées les plus divines des Ames pures & simples, 12. *Cologne,* 1691.

Trai-

Traité des Inftrumens de Chirurgie, par Garangeot, 2 *vol.* 12. *Fig. Paris* 1723.

Tillemont, Hiftoire des Empereurs, 5 *vol.* 13 *parties,* 12. *Bruxelles* 1707.

————— Mémoires pour fervir à l'Hiftoire Ecclefiaftique, 30. vol. 12. *Bruxelles,* 1720. *&c.*

Traité des Feux d'Artifice, où l'on voit la Façon de préparer les Matieres, la Conduite des Feux de Joye, & la Méthode de compofer toutes fortes d'Artifices, par le Sieur Frefier, 12 *Fig. la Haye,* 1741.

————— (Nouveau) de l'Anatomie du Globe de l'Oeil, par Mr. Taylor, *Fig.* 8. *Paris* 1738.

Tables Cronologiques des Empereurs & Rois, par l'Abbé Lenglet 2 *vol.* 8. *Paris,* 1743.

Terentius, cum Commentariis Variorum, ex Editione Wefterhovii, 2 vol. 4. Hagæ Comitum, 1726

Terentii Comædiæ, ex Editione Bentleii, 4. Amftælodami 1727.

————— *Idem, Chartâ magnâ.*

Théatre de la Guerre en Flandre & dans les Pais-Bas, contenant l'Altas complet. *Imprimé chez Fricx à Bruxelles, folio.*

Traité des Armes, enfeignant la Maniere de combatre de l'Epée, par Girard, 4 *Fig. la Haye,* 1740.

Traité fur la Nature, le But, & les Effets du Sacrement de la fainte Cene, par

par Hoadly, 8. *la Haye* 1741.

——— des Maladies des Femmes groſ-
ſes, par Mauriceau, 2 *vol.* 4. *Fig. Paris*,
1740.

V.

Voyage (Nouveau) aux Iſles de
l'Amérique, par le Pere Labat ;
Nouvelle Edition conſidérablement
augmentée, *en* 8 *vol.* 12. *avec quantité de Fig. Paris*, 1742.

Vie de Philippe Duc d'Orleans, Petit-
Fils & Régent de France, ſous la Mi-
norité de Louis XV. par Mr. L. M.
D. M. avec Fig. 2 *vol.* 12. *Lon.*1737.

——— d'Olimpe, ou Avantures de la Mar-
quiſe D***, 6 *vol.* 12. *Fig. Ut.* 1741.

——— Idem, des Tomes ſeparez.

Voyage de Pietro della Vallé, 8. *vol.*
12. *Fig. Paris,* 1745.

——— de Cyrus, par Ramſay, François & Anglois, 2 *vol.* 8. 1737.

Vie de Marianne, ou Avantures de Mad.
la Comteſſe D***, par Marivaux, 11
Parties 8. *la Haye* 1741.

——— Idem, les Parties ſéparées.

Voculaire Anglois, Flamand, François,
& Latin, par G. Pell. 8. *Utrecht*
1735.

Viſites (les) Charitables, ou les Con-
ſolations Chretiennes, par Drelincourt,
3 *vol.* 8 *Amſt.* 1731.

Vocabulary in ſix Languages, viz. En-
gliſch

glifch, Latin, Italian, Frenfch, Spa-
nifch, and Portugues, 8 *London*
1725.

Voyages faits principalemeut en Afie,
dans les XII. XIII. XIV & XV. Sié-
cles, par plufienrs célebres Voyageurs;
accompagnés de l'Hiftoire des Sarafins
& des Tartares, & précédez d'une Introduction, contenant les nouvelles
Découvertes des principaux Voyageurs, par P. Bergeron, avec Fig.
2 *vol.* 4. *la Haye* 1735.

————— du Docteur Shaw, contenant
des Obfervations Hiftoriques, Géo-
graphiques, & Mélées, fur les
Royaumes d'Alger, & de Tunis, fur
la Syrie, la Phenicie, & la Terre
Sainte &c. ; avec l'Hiftoire Naturelle de ces Pays, des Remarques Critiques fur tous les plus favans Auteurs
de Géographie, & des Figures en grand
Nombre ; traduit de l'Anglois ; *en 2 vol.
in 4. la Haye*, 1743.

*Vaillant Nummi Antiqui Familiarum Ro-
manarum, perpetuiis Interpretationibus
illuftrati,* 2 vol. fol. Amft. 1703.

————— *Numifmata ærea Imperatorum,
in Coloniis cufa,* 2 vol. fol. Paris 1697.

————— *Hiftoria Ptolemæorum, Ægypti
Regum*, folio cum Figuris, Amft. 1710.

————— *Regum Syriæ*, folio. cum
Figuris, Hagæ-Comitum 1 2.

————— *Numifmata felectiora,* 4 Pari-
fiis, 1695.

F I N.

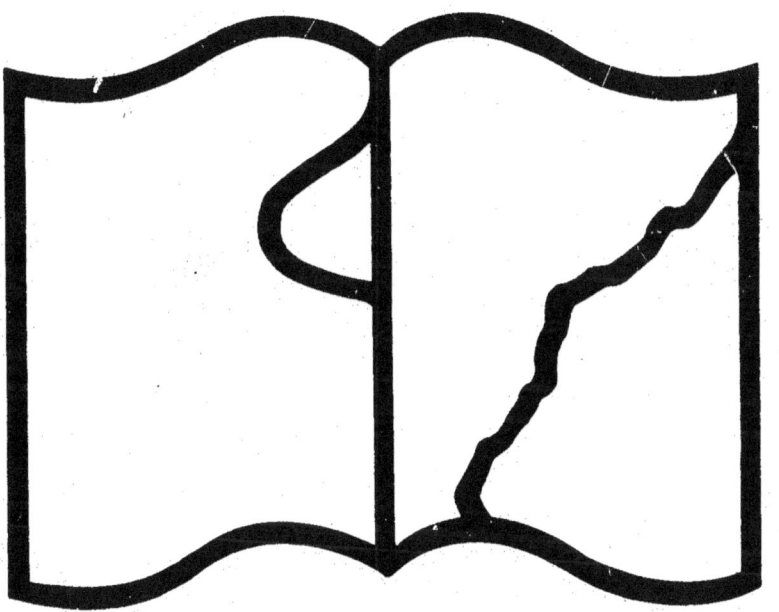

Texte détérioré — reliure défectueuse

www.ingramcontent.com/pod-product-compliance
Lightning Source LLC
Chambersburg PA
CBHW071809020726
47502CB00004B/1045